CHRISTOPH POLDER B.ENG. M.ENG

# MEIN
# BAUHERREN-HANDBUCH

## Ihr Leitfaden

### für perfektes Bauherrenmanagement

NOEL-Verlag

Originalausgabe
September 2018


**NOEL-Verlag GmbH**
Achstraße 28
D-82386 Oberhausen/Obb.

www.noel-verlag.de
info@noel-verlag.de

Die Deutsche Bibliothek verzeichnet diese Publikation in der Deutschen Nationalbibliografie, Frankfurt; ebenso in der Bayerischen Staatsbibliothek in München.

Autor:              Christoph Polder
Coverbild:          Manuel Zumrode/Polder
Covergestaltung:    NOEL-Verlag

1. Auflage
Printed in Germany
ISBN 978-3-95493-358-7

# INHALTSVERZEICHNIS

# Bauherrencheckliste nach Polder

## Vorbereitungsphase ▸   ◆   Angebotsphase ▸   ◆   Bauphase ▸

**Ohne Vorbereitung – keine Angebotsphase**

**Auftragserteilung**

### Vorbereitungsphase

| to do´s erledigt? | Seite | ja |
|---|---|---|
| Vorab über den Hausbau informiert? | 28 | |
| Private und berufliche Situation geklärt? | 30 | |
| Finanzierung vorab geklärt? | 32 | |
| Genügend Schwarzgeld angespart? | 34 | |
| In Kontakt mit Planer/Architekt? | 37 | |
| In Kontakt mit Geologen? | 39 | |
| In Kontakt mit Vermessungsbüro? | 40 | |
| In Kontakt mit Statiker/Tragwerksplaner? | 41 | |
| In Kontakt mit zuständigen Ämtern/Behörden? | 42 | |
| Passsendes Bauland gefunden? | 44 | |
| Bauland geprüft? | 47 | |
| Kaufvertrag des Grundstücks abgeschlossen? | 49 | |
| Baugrunduntersuchung veranlasst? | 50 | |
| Empfehlungen/ Handlungsbedarf bekannt? | 52 | |
| Erstellung des Bauantrages angestoßen? | 53 | |
| Eingabeplaung geprüft? | 54 | |
| Grundstück vermessen lassen? | 56 | |
| Termin mit der öffentlichen Hand geplant? | 57 | |
| Bauantrag unterschrieben und eingereicht? | 58 | |
| Ausführungsplanung angestoßen? | 59 | |
| Weitere notwendige Büros beauftragt? | 61 | |
| In Kontakt mit Baufirmen/ Generalunternehmen? | 62 | |
| In Kontakt mit Anwalt für Baurecht? | 66 | |
| In Kontakt mit Bausachverständigen? | 68 | |
| Notwendige Versicherungen abgeschlossen? | 69 | |
| Baugenehmigung erhalten und geprüft? | 71 | |
| Brandschutzgutachten erhalten und geprüft? | 72 | |
| Statik erhalten und geprüft? | 73 | |
| Prüfstatik erhalten und geprüft? | 74 | |
| Ausführungsplanung erhalten und geprüft? | 75 | |
| Alle wichtigen E-Mails/ Schriftstücke strukturiert digital bzw. physisch abgelegt? | 77 | |

### Angebotsphase

| to do´s erledigt? | Seite | ja |
|---|---|---|
| Ausführungsplanung an Baufirmen versendet? | 80 | |
| Angebote erhalten? | 82 | |
| Finanzierungsangebote eingeholt? | 84 | |
| Kostenübersicht erstellt? | 85 | |
| Technische Details mit Firmen geklärt? | 86 | |
| Korrigierte Angebote erhalten? | 88 | |
| Angebote monetär verhandelt? | 89 | |
| Vertrag unterschrieben? | 91 | |
| Alle wichtigen E-Mails/ Schriftstücke strukturiert digital bzw. physisch abgelegt? | 77 | |

### Bauphase

| to do´s erledigt? | Seite | ja |
|---|---|---|
| Baubeginnanzeige gestellt? | 95 | |
| SiGeKo beauftragt? | 96 | |
| Erstbbegehung durchgeführt? | 98 | |
| Betriebsmedien beantragt? | 100 | |
| Qualitätssicherung durchgeführt? | 101 | |
| Bausachverständigen beauftragt? | 110 | |
| Bestellungen rechtzeitig ausgelöst? | 111 | |
| Alle Beteiligte zur Rohbauabnahme eingeladen? | 112 | |
| Alle Beteiligten zur Endabnahme eingeladen? | 114 | |
| Alle wichtigen E-Mails/ Schriftstücke strukturiert digital bzw. physisch abgelegt? | 77 | |

# Bauherrencheckliste nach Polder

**Abnahmephase** → **Gewährleistungsphase**

**Bauvorhaben ist abnahmereif**

| to do's erledigt? | Seite | ja |
|---|---|---|
| Rohbauabnahme durchgeführt? | 116 | |
| Nachabnahme Rohbau durchgeführt? | 123 | |
| Schlussrechnung Rohbau bezahlt? | 125 | |
| Weitere Versicherungen abgeschlossen? | 126 | |
| Anzeige zur Nutzungsaufnahme gestellt? | 128 | |
| Endabnahme durchgeführt? | 129 | |
| Nachabnahme Endabnahme durchgeführt? | 133 | |
| Revisionsunterlagen erhalten? | 134 | |
| Schlussrechnung Ausbau bezahlt? | 136 | |
| Alle wichtigen E-Mails/ Schriftstücke strukturiert digital bzw. physisch abgelegt? | 77 | |

**Einzug ins Eigenheim**

| to do's erledigt? | Seite | ja |
|---|---|---|
| Mängel gerügt? | 138 | |
| Gewährleistungsabnahme angekündigt? | 140 | |
| Gewährleistungsabnahme durchgeführt? | 141 | |
| Nachabnahme durchgeführt? | 143 | |
| Einbehalt zurückgezahlt? | 144 | |
| Alle wichtigen E-Mails/ Schriftstücke strukturiert digital bzw. physisch abgelegt? | 77 | |

## Über den Autor

www.christophpolder.de

Christoph Polder B. Eng. M. Eng., ist gelernter Handwerker mit sieben Jahren praktischer Berufserfahrung am Bau und Bauingenieur mit sechs Jahren Erfahrung als Projektmanager. Er hat im Jahr 2016 seinen Master in Projektmanagement Bau und Immobilie abgeschlossen. Zudem ist er seit 2016 als freier Bausachverständiger und Schriftsteller tätig.

Die Aufgaben der unterschiedlichsten Baustellen hat er von ganz unten, mit dem Hammer in der Hand, bis ganz oben, also bis zur Beauftragung von Großprojekten, kennengelernt. Er arbeitete in verschiedenen Handwerksbetrieben, bei Baufirmen als Bauleiter, als Projektmanager für hochwertigen Innenausbau und als Projektleiter auf Bauherrenseite eines der größten Unternehmen in ganz Europa. Als Bausachverständiger begleitet er Bauherren bei der Realisierung ihres Traumes vom Eigenheim mit seinem komplexen Wissen und seiner Erfahrung aus Theorie und Praxis.

Sowohl im Studium, als auch in den unterschiedlichen Firmen stieß er immer wieder auf Fachliteratur, die von Fachleuten für Fachleute geschrieben wurden und für den Laien kaum zu verstehen sind. Zudem empfand er die meisten Bücher als zu speziell auf ein Gebiet fixiert, sodass man Unmengen an Büchern lesen müsste, um alles zu wissen, was bei einem Hausbau zu beachten ist.

Nach der Fertigstellung des Eigenheims eines befreundeten Bauherrn bekam er ein Fachbuch mit den Worten „Das schenke ich Dir, Du kannst das besser gebrauchen als ich" in die Hand gedrückt.

Nach kurzem Durchblättern stieß Christoph Polder auf ein technisches Detail, welches bei diesem Bauvorhaben eines der größten Probleme darstellte. Daraufhin sagte er zu dem Bauherrn, dass dort doch die Lösung drinstehe und fragte, ob der Bauherr dies nicht gelesen habe. Daraufhin erhielt er die Antwort, dass das, was in diesen Büchern stehe, doch kein Laie verstehe.

Dies war der Moment, in dem sich Christoph Polder dazu entschied, ein Handbuch zu schreiben, welches jeder Laie versteht und welches ganz bewusst ohne technische Details und fast gänzlich ohne Fachbegriffe auskommt.

Dieses Buch geht nicht zu sehr in die Tiefe, es beschränkt sich auf die wirklich wichtigen Dinge, sodass es jeder lesen will und verstehen kann. Es ist ein übersichtlicher Leitfaden, ein MUSS für jeden Bauherrn.

Der Fokus dieses Buches liegt ganz klar auf dem Bauherrenmanagement.

## Vorwort / Allgemeine Tipps

Überlegen Sie bitte kurz wie oft Sie schon ein teures Elektrogerät gekauft haben, welches nach kurzer Zeit kaputtging, wie viele Versicherungen Sie abgeschlossen haben, die im Schadensfall nicht bezahlt haben, oder wie oft Sie schon Ihre große Liebe kennengelernt haben und diese einzigartigen Beziehungen dennoch zerbrachen. Komische Beispiele für ein Bauherrenhandbuch?

Nun, in all den o. g. Beispielen hatten Sie Schäden erlitten, die Sie garantiert geärgert haben und Sie sich in diesen Situationen dachten, dass dies das Drama schlechthin wäre. Jetzt stellten Sie sich vor, Sie investieren 500.000,- € in Ihr Eigenheim und da läuft was schief.

Bei der derzeitigen Konjunktur einen Kredit aufzunehmen und ein Haus zu bauen, ist mittlerweile zum Trend geworden. Ebenso, wie die Verantwortung für den Hausbau anderen zu überlassen, die sich besser damit auskennen und zu hoffen, dass alles gut wird.

Jedoch ist Hoffnung keine Taktik!

Wer darauf hofft, dass alles gut wird, gibt das Ruder aus der Hand. Wer sich auf mündliche Zusagen eines Handwerkers, der gerade ins Auto steigt und davonfährt, verlässt, ist in der Regel verlassen. Lassen Sie sich alles schriftlich geben, oder bestätigen Sie alles Besprochene per E-Mail, da sich ansonsten keiner mehr inkl. Ihnen selbst, an irgendeine Vereinbarung von vor sechs Wochen, erinnern kann.

Seien Sie nicht passiv, seien Sie auch nicht nur aktiv, sondern arbeiten Sie proaktiv mit.

Es ist Ihr Eigenheim, Sie bezahlen dafür, und Sie wissen am besten, was Sie am Ende haben wollen, also seien Sie nah am Geschehen, interessieren sich für alles und hinterfragen Sie alles, was Sie nicht verstehen.

Architekten/Ingenieure sprechen eine andere Sprache als Sie. Ebenso wenn es in die Bauphase geht und Sie mit den Handwerkern kommunizieren. Die sprechen nochmal eine andere Sprache und Sie werden ihr nicht gewachsen sein, wenn Sie sich nicht vorbereiten oder sich die richtige Unterstützung besorgen!

Vermeiden Sie Streit so gut es geht und das in jeder Phase. Streit entsteht oft durch Missverständnisse und Emotionen, die durch den Stress, den so ein Projekt mit sich bringt, hervorgerufen werden. Deshalb sprechen Sie immer klar über alles mit jedem Beteiligten, schreiben Sie dies nieder und lassen Sie die Emotionen zu Hause. Auch wenn Ihr Herzblut an diesem Projekt hängt, für alle anderen Beteiligten ist es ein Geschäft und so sollten Sie es auch sehen. Wenn Sie mit der Baufirma während der Bauphase streiten oder sie sogar beleidigen, kann es passieren, dass Sie keinen Handwerker mehr sehen und Ihr Haus nicht rechtzeitig oder auch gar nicht fertiggestellt wird. Am Ende sehen sich alle Beteiligten vor Gericht wieder.

Wer unter Druck steht, hat die schlechteren Karten, das war schon immer so und wird sich auch nicht ändern. Einer meiner Klienten machte sich aufgrund seiner wohlhabenden Eltern selbst so einen Druck, dass er auf Biegen und Brechen eine Immobile kaufte. Nach Abschluss des Kaufvertrages rief ihn der Vorbesitzer an und erklärte ihm lachend, was er denn da für einen Schrott gekauft habe und dass die Hälfte der Immobilie gar nicht als Wohnraum nutzbar sei. Das Ende vom Lied war ein Gerichtsverfahren und 130.000,-- € Mehrkosten für die Kernsanierung der Immobilie, die der Klient zusätzlich zu seinem Kredit aufbringen musste.
Also kaufen Sie kein Grundstück, nur weil der Zins gerade so niedrig ist und Sie es zeitlich bzw. finanziell nicht stemmen können, eine Immobilie zu bauen.

Lassen Sie sich niemals in die Karten schauen!
Wenn Sie den Vertragspartnern mitteilen, dass Sie einen Kredit von 700.000,-- € bekommen, werden sich die Partner kaum bemühen, das

Haus günstig zu bauen. Deshalb machen Sie sich von vornherein klar, was Sie wollen. Günstig bauen oder Luxus – koste es, was es wolle.

Ich habe ein junges Pärchen (25 bzw. 26 Jahre alt) kennengelernt, welches ein schönes und offenes Häuschen gebaut hatte. Auf meine Frage, wie sie sich das leisten konnten, antworteten sie, dass das Haus nur 100.000,-- € gekostet habe und das Grundstück für Ortsansässige ein Schnäppchen war. Das Haus war schlicht in der Bauweise und die Verträge gut verhandelt.

Auch denke ich an ein Ehepaar, das nicht so viel Geld zur Verfügung hatte, sich aber dennoch mit 530.000,-- € verschuldete, und beispielsweise eine Küche für 26.000,-- € kaufte und ein Bügelzimmer, so groß wie meine ehemalige Studentenwohnung, besitzen wollte. Während des gesamten Projektes sagten beide immer wieder „davon haben wir keine Ahnung". Dieses Ehepaar hatte zu viel bezahlt und musste sich vor Ende der Baumaßnahme Geld von Verwandten und Freunden leihen, damit das Haus halbwegs fertiggestellt werden konnte. Die Außenanlage war nach drei Jahren immer noch ein ‚wüstes Feld'.

Deshalb gilt …
*„Vorsorgen ist besser als hinterherrudern ..."*
(Christoph Polder *1981)

Überfliegen Sie dieses Buch, bevor Sie ein Grundstück kaufen, um sich einen Überblick über die ganze Materie zu verschaffen. Danach gehen Sie Punkt für Punkt der Bauherrencheckliste durch und haken Sie ab, was Sie bereits erledigt haben.

Seien Sie die treibende Kraft!
Wenn das Telefon zwei Wochen lang nicht klingelt kann es sein, dass alles läuft. Es kann aber auch sein, dass einfach gar nichts passiert ist, denn Sie sind nicht der einzige Bauherr, der von den Büros und den Baufirmen betreut wird. Deshalb bleiben Sie im steten Kontakt zu allen Beteiligten.

Als Bauherr müssen Sie nicht jedes Detail kennen, planvorlageberechtigt sein oder zeichnen können. Auch müssen Sie nicht jeden einzeln aufgelisteten Punkt aus diesem Buch selbst ausführen, sondern können dies den jeweiligen Fachleuten überlassen. Sie sollten allerdings prüfen, ob jeder der Punkte, durch die Fachleute ausgeführt und ob die vereinbarte Leistung sowohl **zeitlich**, **qualitativ** wie auch **monetär** eingehalten wird. Somit helfen Sie einen reibungsloseren Ablauf von der Vorbereitungsphase bis zur Gewährleistungsabnahme, sicherzustellen.

Viel Erfolg bei der Realisierung Ihres Traumes!

Ihr Christoph Polder 2018

# Abkürzungsverzeichnis

- AHO      Ausschuss der Verbände und Kammern der Ingenieure und Architekten für die Honorarordnung
- APL      Abschlusspunkt Linientechnik
- BauGB      Baugesetzbuch
- BBS      Baubeschreibung
- BGB      Bürgerliches Gesetzbuch
- B-Plan      Bebauungsplan
- EFH      Einfamilienhaus
- ELT      Elektrotechnik
- EnEV      Energieeinsparverordnung
- GÜ      Generalübernehmer
- GU      Generalunternehmer
- HLS      Heizung Lüftung Sanitär
- HOAI      Honorarordnung für Architekten- und Ingenieurleistungen
- KFW      Kreditanstalt für Wiederaufbau
- LPH 1-9      Leistungsphasen der Architekten
- MFH      Mehrfamilienhaus
- PDF      Portable Document Format
- QM      Qualitätsmanagement
- QS      Qualitätssicherung
- SiGeKo      Sicherheits- und Gesundheitskoordinator
- SV      Sachverständiger
- TGA      Technische Gebäudeausrüstung
- VOB/B      Vergabe und Vertragsordnung für Bauleistungen Teil B

## Das magische Dreieck

Eines der grundlegendsten Elemente im Projektmanagement ist das sogenannte ‚Magische Dreieck'. Sie, als Bauherr, bewegen sich dabei zwischen
den drei Größen:

- **Zeit**
- **Kosten**
- **Qualität,**

die jedoch im Zielkonflikt zueinanderstehen!

- Denn, wenn Sie Ihre Immobilie schnell fertiggestellt haben möchten, leidet die Qualität und der Preis steigt.
- Wenn Sie so günstig wie möglich bauen möchten, leidet ebenfalls
  die Qualität und die Ausführungsdauer verlängert sich.
- Wenn Sie Wert auf Qualität legen, verlängert sich die Ausführungsdauer und der Preis steigt.

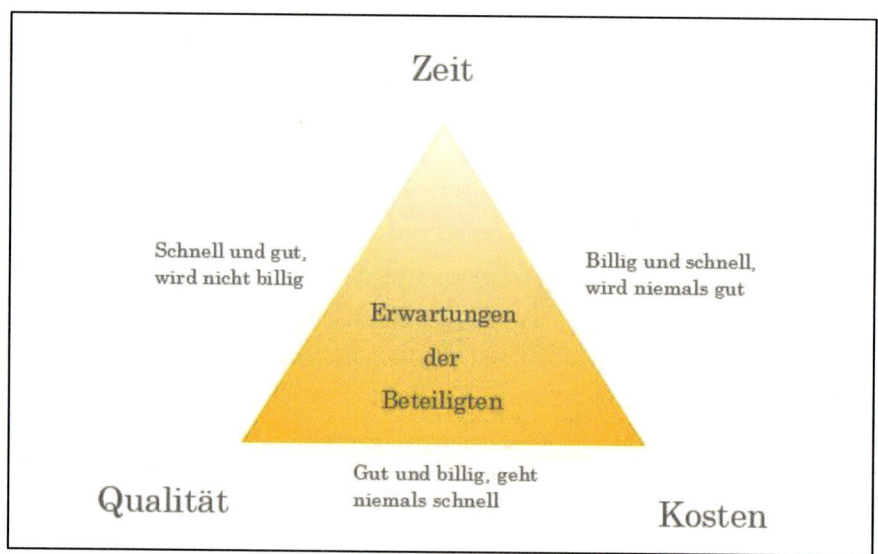

Abbildung 1: Magisches Dreieck des Projektmanagements

Deshalb sollten Sie sich von vornherein im Klaren sein, worauf Ihr Fokus liegt und dann, so gut es geht, die anderen beiden Größen bestmöglich durchsetzen.

## Die Projektkonstellation

Sie, als Bauherr, sind der Auftraggeber, sind der Chef Ihres Projektes und niemand sonst. Geben Sie das Zepter nicht aus der Hand, ansonsten machen im schlimmsten Fall alle das, was sie wollen, ohne Sie zu informieren. Auch wenn Sie wenig Ahnung von der Materie haben, der Architekt/Planer ist Ihr Erfüllungsgehilfe, Ihre rechte Hand, doch letzten Endes liegt die Verantwortung bei Ihnen.

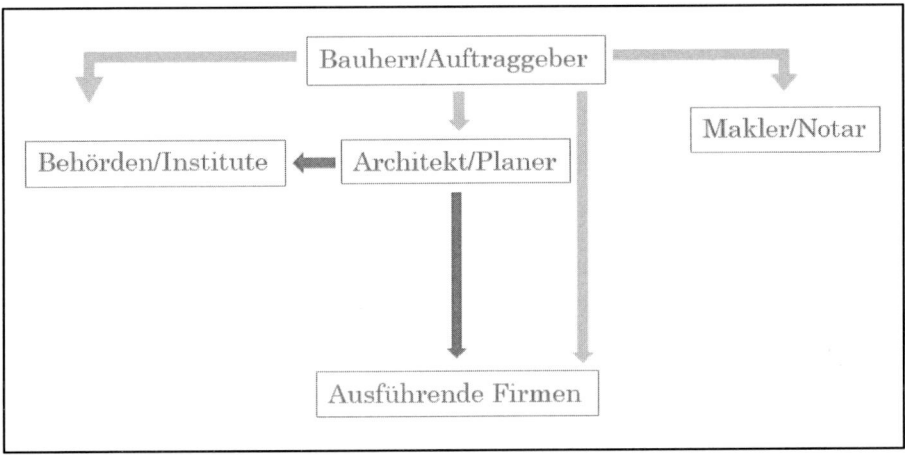

Abbildung 2 Projektkonstellation

Wenn die Projektkonstellation so oder so ähnlich aussieht, läuft etwas ganz gewaltig schief, denn dann bekommen Sie Ausführungsvorschläge von Baufirmen mit freundlicher Unterstützung des Architekten/Planer und werden sehr wahrscheinlich mehr bezahlen, als geplant.

Es gibt auch ehrliche und vernünftige Büros und Firmen keine Angst, aber da ich eine Vielzahl an schwarzen Schafen erlebt habe, sei es hier erwähnt.

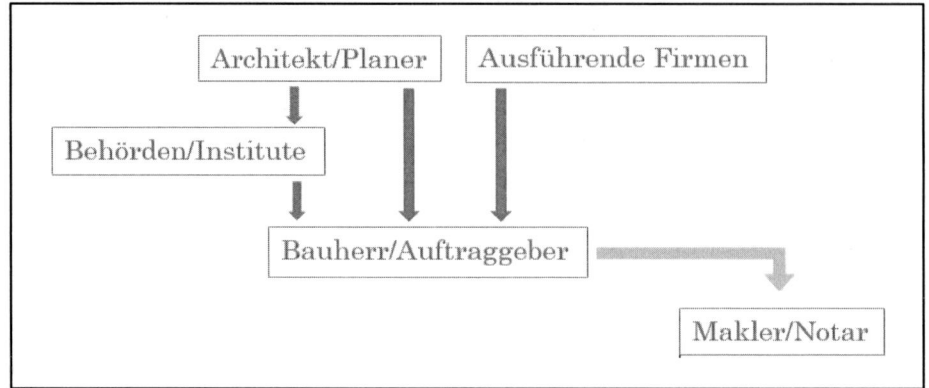

Abbildung 3 Projektkonstellation

# Grundlagen Vertragswesen

Es gibt Fachliteratur, die sich ausschließlich mit dem Vertragswesen beschäftigt und so sehr ins Detail geht, dass es unübersichtlich und schwer wird, dies zu verstehen. Deshalb hier in Kürze das Wichtigste:

Wenn Sie drei Angebote erhalten wollen, sollten Sie mindestens fünf Firmen anschreiben, da manche Firmen nicht zu Ihrer Baustelle passen, oder die Auftragsbücher schlichtweg ‚voll' sind. Beauftragen Sie keine Leistung, die Sie nicht zuvor mit weiteren Angeboten verglichen haben.

## Rechtliches

In den allermeisten Fällen schließen Sie und eine Baufirma nach § 631 BGB einen Werkvertrag ab, was bedeutet, dass die Baufirma Erfolg schuldet und eine mangelfreie Leistung abzuliefern hat. Sie hingegen sind verpflichtet, das Werk abzunehmen, sofern es frei von Sachmängeln ist, und die Leistung zu vergüten. Als allgemeine Vertragsbedingung wird oft die VOB/B von den Firmen genutzt, welche für Sie nur gilt, wenn Sie Fachmann sind oder dieses Buch von dem Vertragspartner an Sie übergeben wurde und Sie sich explizit drauf einigen, dass dieses Buch die Grundlage des Vertrags bildet. Das Gesetz, also das BGB, gilt immer, da es über der VOB/B steht.

## Tipp aus der Praxis:
Unwissenheit schützt nicht vor der Vertragserfüllungspflicht!

„Wenn der Bauherr so blöd ist und mir **3.600,-- €** bezahlt, damit ich eine Kernbohrung mache, dann hat er es auch nicht anders verdient!"
Dies sagte der Chef eines Kernbohrunternehmens zu mir, nachdem ich ihn gefragt hatte, warum denn der Preis so überteuert sei.
Die tatsächlichen Kosten lagen übrigens bei **185,-- €**.
Dies ist kein Einzelfall, denn, wenn die Auftragslage so gut ist wie derzeit, können sich die Handwerksbetriebe aussuchen, welchen Auftrag sie annehmen und welchen nicht. Und wenn dann eine Anfrage bzgl. einer einzelnen Kernbohrung ins Haus flattert, überlegen sich die Firmen gut,

ob sie für 185,-- € von Augsburg nach München fahren, um zwei Stunden zu arbeiten oder nicht. Da manche Firmen solche Aufträge gar nicht annehmen möchten, werden Fantasieangebote wie oben beschrieben, erstellt. Bekommen sie den Auftrag dann doch noch unerwartet, so ist das ein Geldsegen für die Firmen!

Ob eine Garage für 35.000,-- € viel oder wenig ist, können weder Sie, noch ein Fachmann anhand <u>eines</u> Angebotes feststellen. Denn hierzu muss man alle Faktoren kennen, wie beispielsweise:

- Einzelgarage oder Doppelgarage?
- Einzelfundamente oder Streifenfundamente?
- Fertiggarage oder gemauerte Garage?
- Satteldach oder Flachdach?
- Elektrisches oder manuell bedienbares Tor?
- Inklusive oder exklusive der Montage?
- etc.

Deshalb vergleichen Sie und zwar rechtzeitig, denn wer unter Zugzwang ist, hat die schlechteren Karten! Stellen Sie während oder nach der Ausführung fest, dass die Preise überteuert waren, müssen Sie dennoch Ihrer Zahlungspflicht nachkommen.

## Vertragsinhalt
Neben den Standardinhalten wie:
- Namen der Vertragspartner
- Betreff
- Datum
- AGB
- Unterschrift
- etc.

sind die Kerninhalte eines jeden Vertrages, den Sie unterschreiben möchten, das Wichtigste und die <u>Vergleichbarkeit</u> ist gut zu prüfen!

## Qualität der Leistung

Achten Sie hier immer darauf, dass die zu erbringende Leistung ausführlich und so detailliert wie möglich, beschrieben ist und in welcher Qualität sie angeboten wird. Siehe o. g. Beispiel bzgl. der Garage.

## Kosten

Achten Sie darauf, dass die Kosten vergleichbar sind. Dazu ist es wiederum wichtig, die zu erbringende Leistung im Detail zu kennen. Siehe o. g. Beispiel bzgl. der Garage.

## Ausführungszeit

Achten Sie auch darauf, dass sowohl der Ausführungsbeginn, als auch die Ausführungsdauer im Vertrag geschrieben steht. Wenn eine Firma Ihnen eine Garage für beispielsweise 2.000,-- € günstiger anbietet, jedoch die Montage erst in einem Jahr sattfinden kann, können Sie nun entscheiden, welche Option Ihnen lieber ist.

# Erläuterung Bauherrencheckliste

Die Bauherrencheckliste ist der Kern dieses Buches und Ihre persönliche ,to do-Liste', die Sie akribisch abarbeiten sollten, um so viele Fehler wie möglich zu vermeiden.

Vielleicht haben Sie bereits die Begriffe ,Leistungsphasen nach HOAI' oder ,Projektstufen und Handlungsbereiche der AHO' gehört, welche in die Aufgabenbereiche der Architekten bzw. der Projektsteuerer einzuordnen sind.

Die Leistungsphasen 1-9 der HOAI bestehen aus:

**LPH 1:**     **Grundlagenermittlung**

**LPH 2:**     **Vorplanung**

**LPH 3:**     **Entwurfsplanung**

**LPH 4:**     **Genehmigungsplanung**

**LPH 5:**     **Ausführungsplanung**

**LPH 6:**     **Vorbereitung der Vergabe**

**LPH 7:**     **Mitwirkung bei der Vergabe**

**LPH 8:**     **Objektüberwachung**

**LPH 9:**     **Objektbetreuung**

und sind die neun Phasen, die für den Architekten relevant sind. Für Sie werden die Phasen nur wichtig, wenn Sie den Architektenvertrag unterzeichnen, denn es gibt Architekten, die übertrieben gesagt mit Buntstiften einen schönen Gebäudekomplex zeichnen (LPH2) und den Rest anderen überlassen.

Die fünf Projektstufen der AHO bestehen aus:

1. **Projektvorbereitung**
2. **Planung**
3. **Ausführungsvorbereitung**
4. **Ausführung**
5. **Projektabschluss**

sowie die fünf Handlungsbereiche der AHO:

| | |
|---|---|
| **A** | **Organisation, Information, Koordination und Dokumentation** |
| **B** | **Qualitäten und Quantitäten** |
| **C** | **Kosten und Finanzierung** |
| **D** | **Termine Kapazitäten und Logistik** |
| **E** | **Verträge und Versicherungen** |

und sind für den Projektsteuerer relevant. Sofern Sie ein Einfamilienhaus (EFH) realisieren möchten, benötigen Sie keinen Projektsteuerer, da dort das Projektmanagement überschaubar ist und von Ihnen und dem Architekten/Planer umgesetzt werden kann.

Meine Bauherrencheckliste ist speziell auf Sie als Auftraggeber zugeschnitten und beinhaltet all das, was für Sie relevant ist. Sie werden darin Aufgaben finden, bei denen Sie sich denken: ‚Warum soll ich das machen, dafür habe ich doch den Architekten‘. Ja richtig. Wenn aber gleichzeitig der Architekt denkt, dass diese Aufgabe in den Bauherrenbereich fällt, wird die Aufgabe von keinem erledigt, was Ihnen als Bauherr früher oder später ‚auf die Füße fallen‘ wird!

Die Bauherrencheckliste besteht aus fünf Phasen:

- **Vorbereitungsphase**
- **Angebotsphase**
- **Bauphase**
- **Abnahmephase**
- **Gewährleistungsphase**

und enthält zu jeder Phase mehrere Punkte, die Sie nach Erledigung abhaken können oder besser sollten, um den Überblick zu bewahren. Zu jedem einzelnen Punkt finden Sie dann im Buch eine kurze Erklärung, was Sie zu tun haben, bzw. was andere erledigen, Sie dies aber anstoßen bzw. kontrollieren sollten. Nochmals möchte ich erwähnen, dass ich alles so kurz und einfach gestaltet habe wie es mir möglich war, sodass jeder Laie es verstehen sollte.

Denn einer meiner Grundsätze ist K.I.S.S. (keep it short and simple). Oder anders ausgedrückt.

*„Wenn Du etwas nicht einfach erklären kannst, hast Du es nicht gut genug verstanden."*
Albert Einstein (1879-1955)

Also hangeln Sie sich durch die Bauherrencheckliste, kopieren Sie sie und arbeiten Sie damit. Denn, je mehr Sie sich an die Vorgehensweise halten, desto weniger unerwarteter Probleme kommen auf Sie zu.

# Kommunikation

Viele Projekte, und sind sie noch so klein, scheitern oftmals an fehlender Kommunikation, wobei dem Scheitern, oftmals die 6 Stufen der Kommunikation, nach Konrad Lorenz (1903-1989) zugrunde liegen.

- **Gedacht ist nicht gesagt!**
- **Gesagt ist noch nicht gehört!**
- **Gehört ist noch nicht verstanden!**
- **Verstanden ist noch nicht einverstanden!**
- **Einverstanden ist noch nicht angewendet!**
- **Angewendet ist noch nicht beibehalten!**

Bedenken Sie diese Weisheit des Verhaltensforschers und seien Sie kommunikativ, denn Reden hilft!

# Vorbereitungsphase

*„Ein Werk erfordert umso mehr Vorarbeit, je bedeutender und schwieriger es ist."*
Henri de Saint-Simon (1760-1825)

Die meisten angehenden Bauherren freuen sich auf die Bauphase und den Einzug ins Eigenheim, denn während der Bauphase sieht man wie das Traumhaus entsteht, kann noch ändern und gestalten. Doch neben der Bauphase gibt es noch andere mindestens genauso wichtige Phasen, auf die Sie Ihren Fokus richten sollten. In der Vorbereitungsphase werden die Weichen gestellt, hier entscheiden Sie wo Sie leben, wie das Gebäude aussehen soll, wie viele Schulden Sie sich aufbürden möchten und was Sie für Ihr Geld bekommen.

Wenn Sie in jeder Phase, bei jedem Gespräch mit den Büros und den Baufirmen sagen **„davon habe ich keine Ahnung"** kann ich Ihnen versichern, dass Sie zu viel bezahlen werden, sich die Bauzeit verlängert und die Ausführungsqualität leidet.

Das Projekt ‚Stuttgart 21' beispielsweise hatte eine 15-jährige Planungsphase und lief dennoch, sagen wir, ‚nicht optimal'. Also nehmen Sie sich Zeit zur Vorbereitung Ihres Projektes, Ihres Traumes, damit die Realisierung Ihres Eigenheims nicht zum Albtraum wird.

Die Vorbereitungsphase beginnt damit, dass Sie sich erst mal über den Bereich ‚Bau und Immobilie' informieren und endet mit dem Erhalt der Ausführungsplanung. In dieser wichtigen Phase haben Sie schon jetzt großen Einfluss auf Verzögerungen, auf Mehrkosten und auf künftig auftretende Mängel. Wenn Sie einen Blick auf meine Bauherrencheckliste werfen, werden Sie feststellen, dass die Vorbereitungsphase ca. 50% der 61 Punkte beansprucht, was verdeutlicht, wie wichtig es ist, sich gut vorzubereiten.

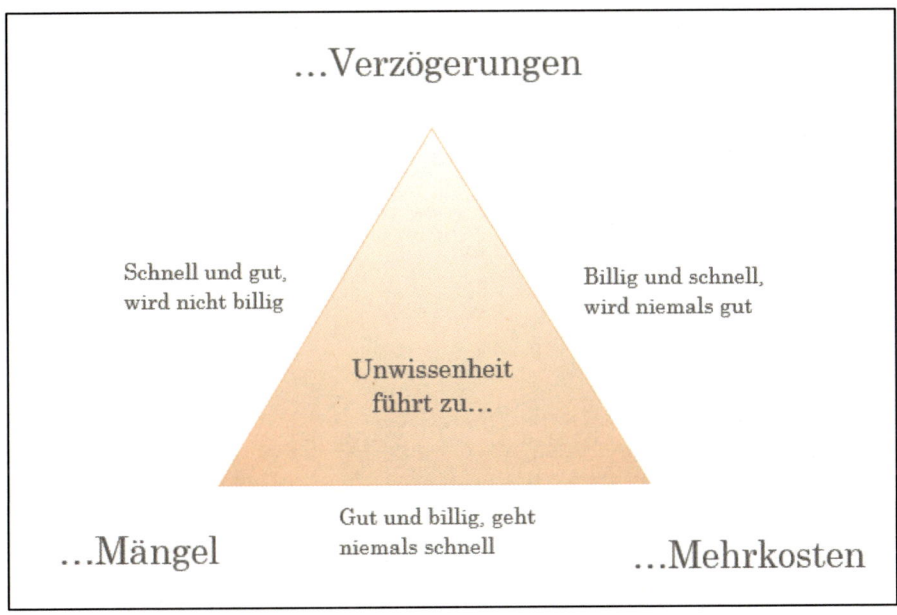

...Verzögerungen

Schnell und gut,
wird nicht billig

Billig und schnell,
wird niemals gut

Unwissenheit
führt zu...

Gut und billig, geht
niemals schnell

...Mängel

...Mehrkosten

Abbildung 4 – Unwissenheits-Dreieck nach Polder

# Vorab über den Hausbau informiert?

Je besser Sie informiert sind, umso weniger geht am Ende schief, deshalb investieren Sie ein paar hundert Euro in Fachliteratur (auch wenn Sie nicht alles verstehen werden) über z.B.:

- **Billiger Bauen**
- **Baustoffe im Vergleich**
- **Baumängel oder**
- **Moderne Einrichtung**

Sprechen Sie mit Freunden und Bekannten, die schon gebaut haben und fragen Sie gezielt danach, was alles schieflief und was Sie besser machen können. Gehen Sie zu Bauherrenberatungen, Volkshochschulen und anderen Bildungseinrichtungen, dort erhalten Sie aktuelle Informationen über Recht, Finanzierung, Baustoffe oder Bauweisen.

Fahren Sie durch Neubaugebiete, schreiben Sie sich die Firmennamen auf, die dort an den Baugerüsten Werbung für sich machen. Informieren Sie sich mit Hilfe des Internets über diese Firmen. Sprechen Sie Bauherren an und fragen Sie sie nach der Zufriedenheit mit den Baufirmen, fragen Sie nach den verwendeten Baumaterialien und deren Vor- und Nachteile.

Achten Sie allerdings auf die Qualität der Aussagen, denn ich fragte einst einen Bauherrn, warum er denn keine Baugrunduntersuchung machen ließ, woraufhin er antwortete: „Die 2.000,-- € wollte ich mir sparen und außerdem hab´ ich die Nachbarin gefragt, die sagte, dass wir keine brauchen." Die Nachbarin, war nur leider keine Bausachverständige und wusste nicht, welches Risiko sie damit einging. Beide Bauherren bauten schließlich im Lehm, hatten Probleme mit der Entwässerung und wo sich der Grundwasserstand befindet, weiß bis heute keiner von ihnen.

Sie können zu jeder Zeit und in jeder Phase einen Bausachverständigen hinzuziehen und ihn um Rat fragen. Der kostet Sie zwar **ca. 75 - 150,-- €/h**, aber wenn er Ihnen mit seinen Empfehlungen ein paar tausend Euro sparen kann, holen Sie das Geld leicht wieder rein.

Bausachverständige finden Sie z.B. bei:

- **Ingenieurkammern**
- **Verbänden der Sachverständigen**
- **Bauvereinen**
- **Gelbe Seiten**
- **etc.**

## Private und berufliche Situation geklärt?

Ein Haus zu bauen, bedeutet Stress. Stress pur, um genau zu sein. Denn wenn Sie sich auf eines in der Baubranche verlassen können, dann darauf, dass nichts reibungslos ablaufen wird! Und das ‚Kümmern‘ darum kostet Zeit und Kraft.

Viele Bauherren unterschätzen den gewaltigen Aufwand, den ein Hausbau mit sich bringt und verzweifeln spätestens dann, wenn ihnen alles aus den Händen gleitet oder sich der Einzugstermin Woche um Woche verschiebt.

## Private Situation geklärt?
- Sind Sie in einer Partnerschaft, die <u>wahrhaftig</u> Bestand hat?
- Haben Sie und Ihr(e) Partner/in die gleichen Ziele und Vorstellungen, was die Immobilie anbelangt?
- Haben Sie jemanden, der sich während der Bauphase um die Kinder kümmert?
- Haben Sie Freunde in der Gegend, die Sie unterstützen werden?
- Oder haben Sie einen pflegebedürftigen Verwandten, um den Sie sich kümmern müssen?
- Sind Sie an einen Verein gebunden, der Ihre Zeit stark in Anspruch nimmt?

## Berufliche Situation geklärt?
- Können Sie sich sicher sein, dass Sie die nächsten Jahre in diesem Unternehmen beschäftigt sind?
- Haben Sie genügend Urlaubstage angesammelt?
- Ist Ihr Vorgesetzter damit einverstanden, dass Sie in der Bauphase auch manchmal außerplanmäßig das Büro verlassen müssen?
- Oder haben Sie, sowie Ihr(e) Partner/in einen 60-Stunden-Job?
- Fliegen Sie, für das Unternehmen, regelmäßig ins Ausland?
- Werden Sie evtl. bald befördert und deshalb versetzt?

Wöchentliche Baustellentermine (Jour fixe), viele Telefonate, E-Mails, Briefe, Dokumentationen und außerplanmäßige Besuche auf der Baustelle, bei Behörden, den Baubüros und den Baufirmen, kosten Zeit und ist Aufwand. Bedenken Sie dies und seien Sie drauf vorbereitet.

# Finanzierung vorab geklärt?

Ein Bauherren-Ehepaar, das ich betreute, hatte jahrelang gespart und kam am Ende auf die Summe von 17.000,-- €. Sie unterschrieben einen Vertrag für ein Fertighaus für <u>nur</u> 320.000,-- € und waren überglücklich. Zu dieser Summe kamen allerdings noch dazu:

| | |
|---|---|
| Grundstückskosten: | 58.000,- € |
| Baunebenkosten: | 32.000,- € |
| <u>Mehrwertsteuer:</u> | <u>60.800,- €</u> |
| Summe: | <u>150.800,- €</u> |

150.800,-- €, die in deren Kalkulation einfach nicht berücksichtigt wurden. Die Bauherren sahen, wie so viele andere, nur die Nettosumme des Hauses. Alleine das Ausheben der Baugrube, was vertraglich nicht mal sauber geregelt war, kostete sie schon 18.000,-- €. Ihr Erspartes reichte also nicht mal für den Aushub des Kellers und am Ende war das Erdbauunternehmen nicht mehr erschienen. Also standen die Bauherren an den Wochenenden mit der Schaufel auf ihrer Baustelle und schippten den schweren, lehmigen Aushub von Hand weg. Ein zweites und drittes Angebot, um die hohen Kosten des Aushubs zu vergleichen, war nicht vorhanden.

## <u>Meine Ratschläge an Sie:</u>
**Haben Sie keine 30% der Gesamtkosten auf Ihrem Konto, dann bauen Sie nicht!**
30% von 470.000,-- € sind <u>141.240,-- €.</u>
17.000,-- € von 470.000,-- € sind gerade mal 3,62% der Gesamtsumme.

**Holen Sie sich bei allem was Sie tun, mindestens 3 Angebote ein!**
Auch bei den Finanzierungsangeboten der Kreditinstitute, denn jede Stelle nach dem Komma, sind ein paar tausend Euro mehr oder weniger auf Ihrem Konto. Die Unterschiede was Zins, Tilgung, Sondertilgung, Zinsbindung usw. anbelangt erkennen Sie erst, wenn Sie Vergleichsangebote vorliegen haben.

**Bekommen Sie einen Kredit über beispielsweise 400.000,-- € dann tun Sie so, als wären es nur 360.000,-- €!**

Somit haben Sie automatisch 10% Puffer eingeplant, den Sie für ungeplante Mehrkosten brauchen werden!

**Bauen Sie billiger,**
**und Sie haben weniger finanzielle Last auf Ihren Schultern!**

Denn es gibt auch ein Leben nach dem Hausbau. Wenn Sie zusammen 2.500,-- € zur Verfügung haben und die Bank jeden Monat z.B. 1.700,-- € von Ihnen haben möchte, bleiben nach Adam Riese nur noch 800,-- € zum Leben übrig.

# Genügend Schwarzgeld gespart?

Einer meiner Klienten lernte in einem Neubaugebiet eine unseriöse Baufirma kennen, der er quasi, per Handschlag, den Auftrag für den Hausbau gegeben hatte. Nach ein paar Wochen drängte mein Klient darauf, dass die Baufirma doch bitte mit dem Hausbau beginnen sollte. Doch weit gefehlt. Der Chef der Baufirma, dessen Namen man kaum aussprechen konnte, verlangte erstmal 10.000,-- € Schwarzgeld als Motivation, dass überhaupt jemand mit den Bauarbeiten beginnen würde. Mein Klient zögerte nur kurz und bezahlte die 10.000,-- €, in dem Glauben, dass diese Summe ein Vorschuss sei und mit der Summe aus dem ‚Handschlagvertrag' verrechnet würde. Doch dies sah die unseriöse Baufirma anders, denn sie sagte ja, dass diese Summe eine Motivationsspritze gewesen sei. Weder ich noch der Anwalt konnten in diesem Fall rein gar nichts für den Klienten machen. Überlegen Sie sich bitte wie lange Sie für 10.000,-- € sparen müssen und ob Sie diese Summe leichtfertig in die Hände einer schwindligen Baufirma geben möchten.

Eine Bauherrin ließ sich aus der Nachbarschaft eine Gartenbaufirma empfehlen, wobei der Dolmetscher vor Ort sagte, dass die Terrasse schwarz 25.000,-- € kosten würde. Sie schlug ein. Vertrag abgeschlossen!

Sind 25.000,-- € nun viel oder wenig?

Das kommt darauf an für welche Leistung! Nur <u>die</u> war in keinster Weise schriftlich vereinbart. Es hieß seitens der Gartenbaufirma:

- **„Wir machen das schön wie immer"**
- **„Wir haben einen guten Ruf"**

Am Ende bekam Sie einen zusammengestückelten Terrassenboden, der von anderen Baustellen übrig war. Der Untergrund war nicht verdichtet und die Fugenstärke wurde nicht eingehalten. Somit bekam sie eine unebene, schiefe und mit unzähligen unterschiedlichen Fugen übersäte Terrasse. Das Geld dafür hatte Sie bereits vorab bezahlt und was dafür bekommen?

## Schlechte Leistung!

Die Gartenbaufirma beharrte auf ihrer Meinung, dass dies eine perfekte Arbeit sei und die Bauherrin erst einmal beweisen solle, dass dies nicht nach Vertrag hergestellt wurde. Nachdem ich mir ein Lachen nicht verkneifen konnte, drohte mir der ca. 130 kg schwere und mit Muskeln bepackte Boss damit, dass er mich unter der Terrasse der nächsten Baustelle beerdigen werde, falls er mich als Bausachverständigen nochmal hier in diesem Neubaugebiet sehen würde.

Ich werde es noch mehrfach in diesem Buch erwähnen. Lassen Sie sich alles schriftlich geben, nicht unter Druck setzen und schon gar nicht über den Tisch ziehen. Hätte die Bauherrin mindestens drei Angebote eingeholt, hätte Sie vergleichen können zwischen:

- **Materialien**
- **Qualität**
- **Zeitaufwand**
- **Fertigstellungstermin**
- **Stundenlohn**
- **Gesamtkosten**
- **etc.**

Kein Bauherr und auch kein Bausachverständiger kann abschätzen, ob 25.000,-- € zu viel oder zu wenig für eine Terrasse sind, sofern keine Leistungsbeschreibung vorhanden ist.

- **Also lassen Sie sich nicht auf Zurufe vor Ort ein**
- **Lassen Sie sich nicht auf 'Handschlagverträge' ein**
- **Holen Sie immer mindestens drei Angebote ein und**
- **Machen sie nichts schwarz!**

Wenn Sie einen Vertrag haben, also der Baufirma einen Auftrag erteilt haben, muss diese:

- **den Auftrag erfüllen und**
- **die Leistung muss frei von Sach- und Rechtsmängeln sein**

Sie als Bauherr sind im Gegenzug verpflichtet das ‚Werk' abzunehmen, sofern es sach- und rechtsmängelfrei ist. Zudem sind Sie verpflichtet, eine Vergütung zu entrichten.

Haben Sie keinen Vertrag abgeschlossen, haben Sie gar nichts in der Hand und das nutzen unseriöse Baufirmen aus.

Zudem können Sie das Schwarzgeld nicht einmal von den Steuern absetzen!

Also nochmal …

**… Finger weg von Schwarzarbeit!**

# In Kontakt mit Planer / Architekt?

Parallel zur Grundstückssuche können oder besser, sollten Sie sich bereits in Kontakt mit einem Architekturbüro befinden. Denn das Architekturbüro wird Sie durch alle Phasen begleiten und sollte deshalb sorgfältig ausgewählt werden. Deshalb achten Sie neben den Internetrecherchen und den Empfehlungen unbedingt drauf, dass Sie ein gutes Gefühl, sowohl was die Fachkompetenz als auch die menschliche Komponente anbelangt, haben. Ihm sollten Sie vertrauen können und auf der gleichen Wellenlänge liegen. Lassen Sie sich gerne eine Liste der Objekte geben, die das Architekturbüro bereits realisiert hat und achten Sie darauf, dass dessen Leistungen bezahlbar bleiben.

Sollte Ihnen etwas missfallen, nehmen Sie sich die Zeit, um ein anderes Architekturbüro zu finden.

Achten Sie darauf, dass im Architektenvertrag klar beschrieben steht, welche Leistungen erbracht werden. Hier sollten Sie die Leistungsphasen 1-9 (LPH) wiederfinden, die ich eingangs erwähnt hatte. Dies ist wichtig, denn manche Architekturbüros schließen z.B. die LPH 8 (Objektüberwachung) aus, was bedeutet, dass Sie zusätzlich noch die Bauleitung bezahlen müssen.

Eine Baubeschreibung durch den Architekten erstellen zu lassen, ist ratsam, weshalb Sie diese ebenfalls mit in den Architektenvertrag aufnehmen sollten.

Weiter sollte unbedingt die Anzahl der Baustellentermine in der notwendigen Anzahl im Vertrag erwähnt sein. Denn stehen im Architektenvertrag nur 12 Baustellentermine drin, und die Bauphase dauert aber deutlich länger als 12 Wochen, wird Ihnen der Architekt eine separate Rechnung für dessen Mehraufwand zukommen lassen.

Eine Möglichkeit, um Geld zu sparen, ist, dass Sie mit dem Architekten eine Prämie vereinbaren, sofern er Ihre Baukosten im Rahmen hält.

Auch hier gilt: Holen Sie mindestens drei Architektenverträge ein, um die Leistung, den Zeitraum und die Kosten vergleichen zu können.

Nachdem Sie das für <u>Sie</u> passende Architekturbüro gefunden haben, geht es vorab darum wie die ‚grobe' Planung Ihres Traumhauses aussehen kann. Hierzu sollten Sie sich bereits vorab Gedanken darüber gemacht haben, wieviel Quadratmeter Wohnfläche Sie tatsächlich benötigen. Ob ein Erker, drei Balkone, eine Gaube und ein Wintergarten wirklich notwendig sind, oder Sie hieran lieber sparen sollten. Sprechen Sie mit dem Architekten, lassen Sie sich bereits erstellte Pläne und Zeichnungen zeigen, sodass Sie einen Eindruck, was für Sie das richtige Haus sein könnte, gewinnen.

# In Kontakt mit Geologen?

Ein Geologe oder auch Bodengutachter, ist dafür zuständig, Ihren Baugrund hinsichtlich Bodenbeschaffenheit, Tragfähigkeit, Setzungsempfindlichkeit sowie Grundwasservorkommen zu prüfen. Dazu erstellt er ein Baugrundgutachten, welches Sie unbedingt in Auftrag geben sollten, da es um die Standsicherheit Ihrer Immobilie geht und Sie sicherlich nicht wollen, dass Ihr Traumhaus so schief steht wie der Turm in Pisa. Denn bei diesem Projekt hatten die Architekten den Baugrund nicht geprüft und übersehen, dass der Untergrund aus lockerem Lehm und Sand bestand. [1].[1]

Wenn auch das genannte Beispiel ein extremes ist, so können dennoch Risse durch unterschiedliche Setzungen auftreten und/oder das Grundwasser steigen, sodass Sie Feuchteschäden riskieren.

Deshalb gilt jetzt für Sie erst mal einige Bodengutachter zu <u>finden</u>, wozu Sie nach folgenden Begriffen recherchieren können:

- **Geologe**
- **Ingenieurbüro für Geologie**
- **Baugrundgutachten**
- **Bodengutachter**
- **Ingenieurbüro für Geotechnik**

Wie immer gilt auch hier rechtzeitig mindestens drei <u>vergleichbare</u> Angebote einzuholen. Sie werden staunen, wie viel Euro Sie sich mit dieser Methode sparen werden. Die Angebote lassen Sie auf Ihrem Schreibtisch liegen bis es an der Zeit ist, dem Geologen den Auftrag zu erteilen.

---

[1] [1] https://www.wasistwas.de/archiv-technik-details/warum-ist-der-schiefe-turm-von-pisa-schief.html

# In Kontakt mit Vermessungsbüro?

Sofern Sie vorhaben, in einem Neubaugebiet, welches bereits in jüngster Vergangenheit vermessen und die Grenzsteine gesetzt wurden, Ihren Traum zu realisieren, benötigen Sie nicht zwangsläufig ein Vermessungsbüro. In diesem Fall nehmen Sie dann später einfach die Flurkarte zur Hand und prüfen, ob die darin dargestellten Grenzpunkte mit den gesetzten Grenzsteinen vor Ort übereinstimmen.

Sollte jedoch ein Grenzstein nicht mehr vorhanden sein oder sollte Ihnen bei der Erstbegehung des potentiellen Grundstücks irgendetwas widersprüchlich erscheinen, was der Verkäufer Ihnen erzählt, dann gehen Sie nach dem Kauf des Grundstückes auf Nummer sicher und lassen Sie es vermessen.

Bei einer der vielen Projekte, die ich bisher begleitet habe, stellte sich erst während der Baumaßnahme heraus, dass zehn Parkplätze nicht erstellt werden konnten, da die Grenzen nicht korrekt eingemessen waren. Nach der Befragung des Nachbarn, die nichts ergab, außer dass ‚das schon immer so war', wurde der Vermessungstechniker beauftragt. Nachdem die Grenzen neu gesteckt wurden, musste der Nachbar seinen Garten, nach 12 Jahren Nutzung, um ca. 130m² verkleinern.

Nachbarschaftsstreitigkeiten werden vermieden, wenn alles eindeutig geregelt und schriftlich festgehalten ist. Deshalb informieren Sie sich bereits frühzeitig über mehrere Vermessungsbüros, damit Sie diese, für den Fall, dass Sie einen Vermessungstechniker benötigen, an der Hand haben.

## In Kontakt mit Statiker / Tragwerksplaner?

Der Baustatiker/Tragwerksplaner, umgangssprachlich ‚Statiker‘ genannt, der in der Regel ein Bauingenieur ist, entwirft das Tragwerk und erstellt den erforderlichen Standsicherheitsnachweis für Ihr Gebäude. Seine Tätigkeit kann auch das Erstellen von Brandschutznachweisen oder Wärmeschutzberechnungen sein. Also ganz einfach erklärt, kümmert sich der Statiker darum, dass Ihr Gebäude nicht in sich zusammenfällt bzw. keine Risse bekommt.

Den Statiker benötigen Sie in jedem Fall, weshalb Sie sich bereits in der Vorbereitungsphase über die Ingenieurbüros für Baustatik in Ihrer Nähe informieren sollten. Nutzen Sie bereits jetzt schon die Zeit, um ausgiebig zu recherchieren und zu prüfen welches Ingenieurbüro für Sie das passendste ist, denn:

Sollten Sie sich beispielsweise schon in der Planungsphase befinden und benötigen kurzfristig einen Statiker, stehen Sie unter Zeitdruck, was sich unter Umständen negativ auf Ihr Portemonnaie auswirken kann. Sie haben dann nicht mehr die Zeit, sich mindestens drei Angebote einzuholen, haben keinen Preisvergleich und können dann auch die angebotene Leistung im Vertrag nicht prüfen.

# In Kontakt mit zuständigen Ämtern / Behörden?

Während die ‚grobe' Planung durch den Architekten in Zusammenarbeit mit Ihnen läuft, sollten Sie neben den o. g. Ingenieurbüros sämtliche Behörden, die für Sie relevant sein werden, aufsuchen und den für Sie zuständigen Ansprechpartner kontaktieren. Erstellen Sie sich hierzu eine Liste, auf der Sie:

- **Behörde**
- **Anschrift**
- **Ansprechpartner**
- **Position**
- **E-Mailadresse**
- **Telefonnummer**
- **Bemerkungen**

notieren, sodass Sie die jeweiligen Ansprechpartner zur Hand haben und keine unnötige Zeit mit Suchen vergeuden. Durch diese Liste sparen Sie sich Stress, denn Sie verwenden ein Projektmanagement-Tool, mit dem Projektleiter von Großbaustellen ihren Überblick über die Stakeholder (Beteiligte) bewahren.

Ämter/Behörden, mit denen Sie zu tun haben werden sind:

## Grundbuchamt

Das Grundbuchamt kontaktieren Sie, um sich vorab über das Grundstück, welches Sie erwerben möchten, zu informieren. Dort erhalten Sie als Kaufinteressent allerdings nur Einsicht, sofern Sie eine entsprechende Vollmacht des Grundstückseigentümers vorlegen können.
Zur Eigentumsumschreibung des potentiellen Grundstückes wenden Sie sich an einen Notar, der diesen Antrag beim Grundbuchamt für Sie einreicht.

## Bauaufsichtsamt

Das Bauaufsichtsamt, welches umgangssprachlich auch Bauamt genannt wird, ist zuständig für die Erteilung Ihrer Baugenehmigung. Da die Baugenehmigung für Sie von essenzieller Bedeutung sein wird, ist es ratsam, einen besonders guten Kontakt zu Ihrem dortigen Ansprechpartner zu pflegen. Ich habe erlebt, wie ein Kollege über fünf Monate auf die Baugenehmigung warten musste, während ich sie für das gleiche Projekt an einem anderen Standort bereits nach elf Tagen in der Hand hielt. Das Bauamt ist übrigens das Amt, welches die Bautätigkeit von zum Beispiel Schulen für die Gemeinde übernimmt.

## Untere Naturschutzbehörde

Die untere Naturschutzbehörde ist, wie der Name schon sagt, für den Schutz der Natur zuständig, weshalb Sie dort einen Antrag zur Baumfällgenehmigung einreichen können, sofern auf Ihrem Grundstück Bäume vorhanden sind, die beim Hausbau stören.
Alternativ kann dies auch über den Bauantrag erfolgen.

## Katasteramt/Vermessungsamt

In einigen Bundesländern wird das Katasteramt auch Vermessungsamt genannt, wobei die Aufgaben die gleichen sind, nämlich die Kartierung und Vermessung der regionalen Grundstücke (Liegenschaften). Hier erhalten Sie die Flurkarte, auf der Ihr Grundstück inkl. aller angrenzenden Grundstücke eingezeichnet ist und auf der Sie erkennen können, in welche Himmelsrichtung es ausgerichtet ist und welche Bahnlinien angrenzen.

## Liegenschaftsamt

Als kommunale Einrichtung verwaltet das Liegenschaftsamt alle Grundstücke die sich im Besitz der Stadt oder Gemeinde befinden. An dieses Amt können Sie sich wenden, wenn Sie auf der Suche nach einem Grundstück sind.

# Passendes Bauland gefunden?

## Lage des Grundstücks passend?

Während des Masterstudiums in Projektmanagement Bau und Immobilie lernten wir, welche die drei wichtigsten Faktoren bei der Grundstückswahl sind, nämlich:

**Lage! Lage! Lage!**

Sollten Sie die Immobilie später verkaufen wollen oder gar müssen, ist die Lage der wichtigste Faktor bei der Immobilienbewertung. Hierbei sollten Sie dennoch beachten, welches Grundstück in Ihr Budget passt und nicht aufgrund der Lage einen viel zu hohen Preis bezahlen, den Sie dann nicht stemmen können. Achten Sie auf die Verkehrsanbindung und die Infrastruktur wie Kindergarten, Einkaufsmöglichkeiten und Schulen, die Sie erreichen müssen.

Weiter sollten Sie darauf achten, dass sich das Grundstück nicht in einer Hanglage befindet, denn dann müssen Sie aufwendige Hangsicherungsmaßnahmen vornehmen, die leicht in den 5-stelligen Bereich gehen. Die vermeintliche Einsparung durch den Erwerb eines günstigen Grundstückes kann sich dann schnell als Kostenfalle entpuppen.

Zudem sollten Sie unbedingt den Bebauungsplan der Gemeinde einsehen, denn darin finden Sie Informationen darüber, ob Umgehungsstraßen, Bahnlinien oder Autobahnanbindungen geplant sind und wie auf dem Grundstück gebaut werden darf.

## Wo finden Sie ein Grundstück?

Grundstücke aus der öffentlichen Hand sind in der Regel günstiger als die von Privatpersonen, werden jedoch meist nur an Ortsansässige vergeben. Vergleichen und die notwendige Zeit in die Suche des für <u>Sie</u> passenden Grundstücks zu investieren, lohnt sich hier ganz besonders, da es sich um einen sehr großen Kostenpunkt Ihres Projektes handelt.

Möglichkeiten ein Grundstück zu finden, sind:

- **Internetportale**
- **Immobilienmakler**
- **Privatpersonen**
- **Liegenschaftsamt**
- **Hausbaufirmen**
- **Bauträger**
- **Regionale Zeitungen**

## Form des Grundstücks passend?

Nicht jedes Grundstück ist rechteckig und hat mind. 500m² Fläche!

Es gibt auch Grundstücke die eine Dreiecksform haben oder die eines Trapezes und nur 200m² Fläche haben, was vielen Interessenten missfällt und was den Kaufpreis nach unten drückt. Aber vielleicht sind Sie ja ein kreativer Mensch, der zusammen mit dem Architekten, genau auf so einem Grundstück ein wunderschönes, wenn auch unkonventionelles Haus errichten möchte. Oder bevorzugen Sie ein genormtes Grundstück in einem Neubaugebiet, in dem alle Flächen gleich geschnitten sind, der Nachbar 2,75 m nebenan sein Haus im gleichen Stil wie Ihres baut? Entscheiden können das nur Sie, jedoch sollten Sie sich vor dem Kauf des Grundstückes darüber Gedanken machen, was Sie wollen, damit Sie später Ihre Entscheidung nicht bereuen.

## Sind Ihnen alle Kaufnebenkosten bekannt?

Die Kosten für untenstehende Punkte sind von Bundesland zu Bundesland verschieden bzw. können stark zwischen den einzelnen Anbietern variieren. Aber als Richtwert sollten Sie mit gut **10%** des Kaufpreises des Grundstücks rechnen.

Die wichtigsten Nebenkosten beim Grundstückskauf sind:

- **Grunderwerbsteuer**
- **Notarkosten**
- **Erschließungskosten (falls Grundstück noch nicht erschlossen)**
- **Maklercourtage**

Kalkulieren Sie alles mit ein und bilden eine Gesamtsumme, um Kosten-
klarheit zu erlangen, wie nachstehendes einfaches Beispiel verdeutlicht.

|  | 80.000,-- € | Kaufpreis Grundstück (inkl. Mehrwertsteuer) |
|---|---|---|
| + | 8.000,-- € | 10% Kaufnebenkosten |

**88.000,-- €**

# Bauland geprüft?

## Ortsbegehung durchgeführt und Machbarkeit geklärt?

Nachdem Sie das für Sie passende Grundstück gefunden haben, sollten sie eine Ortsbegehung mit einem Fachmann, beispielsweise mit dem Architekten, mit dem Sie bereits in Kontakt sind, durchführen. Mit seiner Erfahrung wird er Ihnen auf den ersten Blick sagen können, ob das Grundstück/Bauland geeignet ist oder was es zu beachten gilt. Wie das Gebäude angeordnet und ausgerichtet werden kann und dennoch die Abstandsflächen zu den Nachbarn eingehalten werden können.

Ich hatte beispielsweise einen Klienten, der ein Grundstück kaufte, obwohl sich ein Hügel darauf befand. Wäre er nur 30 m gelaufen, um den Nachbarn darauf anzusprechen, hätte der Klient erfahren, dass dieser Hügel aus einem der härtesten Felsen überhaupt bestand und für sehr viel Geld weggesprengt werden musste.

Nicht weniger schlimm sind Bäume, die gefällt werden müssten, um ein Haus auf dem Grundstück zu realisieren, aber diese unter Naturschutz stehen und sich die untere Naturschutzbehörde weigert, Ihnen eine Baumfällgenehmigung zu erteilen.

Ein weiterer Punkt, der immer wieder übersehen wird, ist der Grundwasserstand. Dieser sollte sich im Idealfall deutlich unterhalb der Gründungssohle befinden, damit dieser, wenn er steigen sollte, sich nicht auf Höhe des Kellers befindet und Sie besondere Abdichtungsmaßnahmen des Kellers vornehmen müssen.

Solche und andere Punkte, können Ihren Traum vom Eigenheim platzen lassen, bevor sie überhaupt mit den Baggerarbeiten begonnen haben.

## Historie des Grundstücks geprüft?

Weiter sollten Sie auf Straßenschilder achten, auf denen Beispielsweise ‚Zum Sumpfgebiet‘ oder ‚An der Mülldeponie‘ steht, denn dies können Hinweise auf tatsächliche Sumpfgebiete oder Mülldeponien hinweisen, die nun zu Bauland umgewidmet wurden. Übersehen Sie solche Dinge, kann es sein, dass Sie bei den Baggerarbeiten auf vermeintlich harten Untergrund stoßen, Ihr Fundament darauf errichten und nach Einzug das Haus Risse bekommt, weil eines der Fundamente auf einem Kühlschrank errichtet wurde und nun nachgibt.

Besorgen Sie sich vorhandene Gutachten bei den Behörden und befragen Sie Nachbarn zu früherer Bebauung des Grundstückes. Falls das Bauland zuvor kein Ackerland war, sondern sich darauf Fabriken befanden, die mit Chemikalien gearbeitet haben, ist es wichtig für Sie und Ihr Portemonnaie, dies in Erfahrung zu bringen, bevor Sie den Kaufvertrag unterschreiben.

Sollten Sie ein Grundstück inmitten einer Stadt gefunden haben, welche im Krieg bombardiert wurde, sollten Sie unbedingt eine Baubegleitung durch eine Kampfmittelbergungsfirma in Auftrag geben.

All diese Dinge fallen unter den Begriff ‚Altlasten' und sollten von Ihnen überprüft werden. Hierzu können Sie sich im Stadtarchiv oder im Altlastenverdachtsflächenkataster der Stadt Auskünfte einholen.

## Sparten-Medienprüfung durchgeführt?

Beim Bauaufsichtsamt erhalten Sie die verfügbaren Spartenpläne, die Sie einsehen können. So erfahren Sie, welche oder ob überhaupt Sparten vorhanden sind. Zudem erfahren Sie in welcher Tiefe und wo die

- **Gas-**
- **Strom-**
- **Fernwärme-**
- **Telefon- und**
- **Wasser-**

**-leitungen** liegen und können so Überraschungen bei den nachfolgenden Baggerarbeiten und den damit verbundenen Mehrkosten, vermeiden.

# Kaufvertrag des Grundstückes abgeschlossen?

Bedenken Sie, dass es das Bundesbodenschutzgesetz gibt, nachdem sich jeder, der auf Grund und Boden einwirkt, so zu verhalten hat, dass keine schädlichen Bodenveränderungen entstehen. Ist bereits eine schädliche Bodenveränderung eingetreten oder bestehen Altlasten, sind folgende Personen dem Staat gegenüber sanierungspflichtig:

- **der frühere Grundstückseigentümer**
- **der Verursacher**
- **der Grundstückseigentümer**
- **der Inhaber der tatsächlichen Gewalt, also derjenige, der aufgrund eines notariellen Vertrags Besitz an dem Grundstück erlangt hat**

So, nun in ganz einfachen Worten ausgedrückt: Kaufen Sie ein Grundstück, das von Chemikalien verseucht ist, haften Sie als neuer Grundstückseigentümer mit. Und das kann Sie in den Ruin treiben, weshalb Sie eine ganz wichtige Klausel im Vertrag beachten sollten: Vereinbaren Sie mit dem Verkäufer in jedem Fall ein Rücktrittsrecht im Grundstückskaufvertrag, sodass Sie im Falle von bedeutenden Mängeln, wie ein belasteter Baugrund (**Altlasten**), vom Vertrag zurücktreten können.

Zudem sollten Sie die **Baulasten** prüfen, die Sie nicht im Grundbuch, sondern im Baulastenverzeichnis der Baubehörde finden. Baulasten sind z. B.:

- **Grenzübergangsrechte**
- **Wegerechte**
- **Leitungsrechte**
- **Grenzüberbauungsrechte** und
- **Grenzbebauungsrechte**

Denn, wenn ein Nachbar das eingetragene Recht hat, mit seinem KFZ über Ihre Einfahrt zu fahren, dann wird das Recht beibehalten, auch wenn SIE dann der neue Eigentümer des Grundstücks sind.

# Baugrunduntersuchung veranlasst?

Nachdem Sie den Grundstückskaufvertrag unterschrieben haben, sind nun grundsätzlich <u>Sie</u> für sämtliche Risiken, die vom Baugrund ausgehen, verantwortlich.

Stellt die Erdbaufirma beim Aushub des Kellers beispielsweise fest, dass sich im Erdreich historische Funde verbergen, werden ein Archäologe und seine Grabungshelfer hinzugezogen, um die Funde zu bergen. Dies kann, je nach Größe des Grundstückes und Art des Fundes, mehrere Monate dauern. Für diese Verzögerung und die daraus entstehenden Mehrkosten, kann kein anderer verantwortlich gemacht werden als Sie, sofern Sie dies nicht explizit im Grundstückskaufvertrag geregelt haben.

Nicht weniger unbedeutend ist es, wenn sich beim Aushub herausstellt, dass der Untergrund aus nichttragfähigem Boden oder Fels besteht. Dies bedeutet, dass zusätzliche Maßnahmen ergriffen werden müssen, um die Stabilität des Untergrundes herzustellen, bzw. dass Ihnen die Erdbaufirma Mehrkosten in Rechnung stellen wird, da es aufwendiger ist Fels anstatt lockeren Kies auszuheben.

Deshalb beauftragen Sie direkt nach Abschluss des Grundstückskaufvertrags, den Geologen, den Sie zuvor schon kontaktiert haben, mit dem Erstellen eines angemessenen Baugrundgutachtens inkl. Handlungsempfehlungen. Der Aufwand zur Erstellung eines Baugrundgutachtens für ein EFH in einem Neubaugebiet, unterscheidet sich natürlich erheblich von einem Baugrundgutachten für ein Mehrfamilienhaus in einer Stadt, in der Kampfmittel sowie historische Funde, zu erwarten sind.

Einfach ausgedrückt zeigt das Baugrundgutachten auf, wie mit der Tragfähigkeit und dem Setzungsverhalten des Untergrundes zu verfahren ist. Hierzu werden Bohrungen bzw. sogenannte Sondierungen vorgenommen und ggf. Laboruntersuchungen veranlasst. Weiter kann so festgestellt werden, wie hoch die Versickerungsfähigkeit des Untergrundes ist oder auf welcher Höhe sich der Grundwasserstand befindet.

Nach Vorgaben des Baugrundgutachtens berechnet der Statiker dann beispielsweise die Dimensionen der Fundamente und die Stärke der Decken, um die Standsicherheit Ihrer Immobilie zu gewährleisten.

# Empfehlungen / Handlungsbedarf bekannt?

Baugrunduntersuchungen sind für Laien nur wenig verständlich, deshalb sollte eine Handlungsempfehlung durch den Geologen ganz klar und einfach erstellt worden sein, welches als Anhang dem Baugrundgutachten beigefügt ist. Hierin empfiehlt Ihnen der Geologe beispielsweise:

- **eine Drainage anzulegen**
- **eine ‚Weiße Wanne' herzustellen**
- **eine Stützmauer zu errichten**
- **eine Spundwandsicherung vorzunehmen**
- **eine Grundwasserabsenkung zu veranlassen**
- **einen Versickerungsbrunnen anzulegen**
- **Sicherungen gegen Erdbeben vorzunehmen**
- **eine Maßnahme zum Austausch des Bodens durchzuführen**
- **die Qualität der Materialien**
- **einen speziellen Aufbau des Untergrundes**
- **Frostschutzmaßnahmen vorzunehmen**
- **Maßnahmen zur Ableitung des Oberflächenwassers**
- **den Aufbau von Verkehrsflächen (bei komplexen Wohnanlagen)**
- **Verdichtung des Untergrundes**
- **etc.**

Falls in Ihrem Grundstück Altlasten vorhanden sein sollten, wird der Geologe dies i.d.R. nun feststellen. Sofern Sie ein Rücktrittsrecht in Ihrem Grundstückskaufvertrag vereinbart haben, können Sie nun die Option des Rücktritts ziehen. Ist Ihr Grundstück frei von Altlasten und gibt es auch sonst keine großen Auffälligkeiten, ist das Geld, welches Sie in den Geologen investiert haben, dennoch gut investiertes Geld. Denn zum einen haben Sie die absolute Gewissheit, dass Sie auf vernünftigem Bauland bauen und zum anderen können Sie die Dokumentation zu den ‚Revisionsunterlagen' legen, die für Ihre Immobilie so wichtig sind, wie der Beipackzettel bei Medikamenten (*siehe Kapitel Revisionsunterlagen*).

# Erstellung des Bauantrages angestoßen?

Der Bauantrag ist Ihr Antrag auf die Baugenehmigung für Ihr Bauvorhaben und kann i.d.R. nur von einem ‚bauvorlageberechtigten' Entwurfsverfasser erstellt werden, was in Ihrem Fall der Architekt ist. Ihr Architekt übernimmt die Federführung, um alle notwendigen Unterlagen zusammenzustellen und unterzeichnet den Bauantrag, ebenso wie Sie als Bauherr.

Der Bauantrag besteht aus:

- **Eingabeplan**
  - **Lageplan**
  - **Entwässerungsplan**
  - **Grundrissen**
  - **Ansichten und**
  - **Schnitten im Maßstab 1:100**
- **Bauantragsformular**
- **Baubeschreibung**
- **Wärmeschutznachweis**
- **Standsicherheitsnachweis**
  **(falls in dieser Phase schon verlangt)**

Je nach Baugrundbeschaffenheit, können Sie direkt nach Unterschrift des Baugrundkaufvertrages bzw. nach Erhalt des Bodengutachtens, Ihren Architekten mit der Erstellung des Bauantrages beauftragen.

Notieren Sie sich diesen Tag in Ihrem Kalender und halten Sie regelmäßig telefonischen Kontakt zu Ihrem Architekten, um stets auf dem Laufenden zu sein, was den Fortschritt der Erstellung des Bauantrages anbelangt. So stellen Sie eine zügige Bearbeitung des Bauantrags, durch den Architekten, sicher.

# Eingabeplanung geprüft?

Die im Kapitel ,In Kontakt mit Planer/Architekten?' erwähnte ,grobe Planung' wird hier nun fortgesetzt und als Eingabeplanung/Genehmigungsplanung zu Ende gebracht. In dieser Planung ist es nicht wichtig, dass Sie einen Eicheparkett im Wohnzimmer und die teuren Fliesen im Flur verwenden möchten, sondern hier geht es um Dinge wie:

- **Außenansicht**
- **Gebäudehöhe**
- **Dachform**
- **Anzahl der Geschosse**
- **Wohnfläche**
- **Grenzabstände zu den Nachbargrundstücken**
- **Entwässerung**
- **etc.**

also darum, dass die Vorgaben der Stadt eingehalten werden.

Jetzt werden Sie sich berechtigterweise die Frage stellen, wie Sie denn die Eingabeplanung prüfen sollen und ob das überhaupt Ihre Aufgabe ist. Sie brauchen nicht jedes Detail verstehen, und es erwartet auch keiner von Ihnen, dass Sie mehr von der Materie verstehen, als Ihr Architekt. Jedoch wurde ich schon zu Streitigkeiten zwischen Bauherren und Architekten hinzugerufen, die sich durch einen prüfenden Blick einer weiteren Person, hätten vermeiden lassen.

Nehmen Sie sich ein paar Stunden Zeit und sehen Sie sich ganz in Ruhe die Pläne an. Nehmen Sie sich Ihre Liste, Ihr Protokoll, zur Hand, auf dem Sie mit dem Architekten vereinbart haben, wie Ihr Traumhaus aussehen soll. Kontrollieren Sie, ob alles eingezeichnet bzw. eingetragen wurde, was Sie vereinbart haben, und prüfen Sie mit einem kritischen Blick alles, was Ihnen merkwürdig vorkommt.

Bei einer der Streitigkeiten zwischen Architekt/Baufirma und dem Bauherrn, bei der ich hinzugerufen wurde, ging es um die schlecht verlegte Entwässerungsleitung unter dem Keller. Der Streit zog sich über Wochen, denn keiner der Beteiligten wollte die Mehrkosten für das Aufreißen der Bodenplatte und die Sanierung der Leitungen tragen. Dieser Streit hätte sich in der Vorbereitungsphase durch einen kritischen Blick auf den Entwässerungsplan vermeiden lassen, denn der Architekt hat die Entwässerungsleitung des Treppenabganges ins Haus und von dort durch eine Hebeanlage in die Kanalisation geplant. Hätte er den Grundsatz ‚**Wasser weg vom Gebäude**' befolgt und die Entwässerungsleitung in die nahegelegene Versickerungsmulde geleitet, wäre dieser Streit erst gar nicht entstanden.

Nachdem Sie sämtliche Pläne geprüft haben, schreiben Sie sich alle Punkte auf und vereinbaren Sie einen Termin mit dem Architekten, um alle Themen zu besprechen. Er wird es Ihnen danken, denn so erarbeiten Sie gemeinsam die Eingabeplanung und können beide sicher sein, dass alles vollständig und nach Ihrem Wunsch eingezeichnet bzw. eingetragen ist.

Vermeiden Sie unzählige E-Mails mit einzelnen Punkten, die zu besprechen sind, sondern bündeln Sie Ihre Anliegen und vereinbaren Sie einen Termin, so vermeiden Sie Chaos in Ihren und in den Unterlagen des Architekten.

# Grundstück vermessen lassen?

Sofern Ihr Grundstück noch nicht vermessen wurde, ist dies der richtige Zeitpunkt, um eines der zuvor recherchierten Vermessungsbüros, zu beauftragen. (Siehe Kapitel *In Kontakt mit Vermessungsbüro?*)

## Horizontale Vermessung

Zum einen ist es wichtig, das Grundstück in seiner Fläche zu vermessen, um die exakte Grundstücksgröße zu ermitteln, um die Grenzabstände einzumessen und die Fläche mit Grenzsteinen abzustecken. Achten Sie darauf, dass alle Grenzpunkte im Plan eindeutig eingezeichnet und die Grenzsteine vor Ort gut sichtbar sind.

## Vertikale Vermessung

Zum anderen ist es wichtig, das Grundstück ‚topographisch‘ zu vermessen, also die Höhen aufzunehmen. Dies ist vor allem dann notwendig, wenn Ihr Grundstück extrem uneben ist. Denn dann kann es notwendig sein, dass:

- **Gelände aufgetragen werden muss**
- **Gelände abgetragen werden muss**
- **Stützmauern gesetzt werden müssen** oder
- **Stelzen eingeplant werden müssen**

Jede Maßnahme kostet Geld und sollte Ihnen vor Baubeginn bekannt sein, damit evtl. anfallende Mehrkosten in der Kostenkalkulation berücksichtigt werden. Verzichten Sie auf die topographische Vermessung bei extrem unebenem Gelände, werden Sie ggf. später, in der Bauphase, mit Kosten konfrontiert, mit denen Sie nicht gerechnet hatten.

# Termin mit der ‚Öffentlichen Hand' geplant?

Wie im Kapitel ‚In Kontakt mit zuständigen Ämtern/Behörden' kurz erwähnt, ist eine gute Kontaktpflege zu allen Projektbeteiligten sehr wichtig. Also kontaktieren Sie vorab das Bauaufsichtsamt und holen Sie sich sämtliche Informationen ein, die Sie bekommen können. Vereinbaren Sie gerne einen Termin mit Ihrem Ansprechpartner, nehmen Sie Ihre bisher gesammelten Unterlagen und Pläne mit und fragen Sie nach Einsprüchen seitens des Bauaufsichtsamtes. Denn jeder Tipp und jeder Einspruch, den Sie in der Planungsphase berücksichtigen, spart Ihnen bei späteren Änderungen, während der Bauphase, bares Geld.

Stellen Sie auch Fragen zu geplanten Bauvorhaben der öffentlichen Hand, die sich ggf. mit Ihrer Baumaßnahme überschneiden könnten. Denn es kommt immer wieder vor, dass Baufirmen mit LKW, Containern und Baggern anrücken und unverrichteter Dinge wieder abziehen müssen, weil z. B. ein paar Tage zuvor, die öffentliche Hand die Zufahrt aufgerissen und abgesperrt hat. Die Baufirma wird Ihnen diesen Mehraufwand in Rechnung stellen. Zudem werden Sie dann schon mit der ersten Verzögerung in Ihrem Bauzeitenplan zu kämpfen haben.

Fragen Sie auch nach Kosten die auf sie bzgl. der Erstellung:

- **von Zufahrtswegen**
- **eines Kreisverkehres**
- **Verkehrsschilder**
- **einer Ampelanlage**
- **eines Spielplatzes**
- **etc.**

zukommen könnten. Denn die Kosten, die die öffentliche Hand ggf. auf Sie umlegen möchte, werden Sie nicht in der Kalkulation einer Baufirma wiederfinden.

# Bauantrag unterschrieben und eingereicht?

Nachdem Sie sämtliche Informationen der öffentlichen Hand eingeholt und berücksichtigt haben, alle, mit dem Architekten, besprochenen Punkte eingezeichnet bzw. eingetragen wurden und Sie nochmals die Unterlagen auf Vollständigkeit geprüft haben, können Sie den Bauantrag unterschreiben. Ebenso wie Sie, muss auch der Architekt unterschreiben, da er ‚bauvorlageberechtigt‘ ist.

Achten Sie darauf, dass auch Sie eine Ausfertigung des Bauantrages für Ihre Unterlagen erhalten und notieren Sie sich das Datum, wann Sie den Bauantrag eingereicht haben.

Nachdem der unterschriebene Bauantrag durch Sie bzw. den Architekten eingereicht wurde, gilt es, die Wartezeit bis zum Erhalt der Baugenehmigung, sinnvoll zu nutzen (siehe nachfolgende Punkte der *Bauherrencheckliste*).

Nach ca. zwei bis drei Wochen können Sie sich ganz höflich beim Bauaufsichtsamt nach dem Bearbeitungsstand erkundigen. Achten Sie darauf, dass Sie dabei keinen Druck auf Ihren Ansprechpartner ausüben, denn der bewirkt nur das Gegenteil von dem, was Sie erreichen möchten. Nämlich so schnell wie möglich die Baugenehmigung in den Händen zu halten.

# Ausführungsplanung angestoßen?

Während das Bauaufsichtsamt Ihren Bauantrag prüft, gilt es die Ausführungsplanung anzustoßen um die Wartezeit auf die Baugenehmigung sinnvoll zu nutzen. Hierzu ist es sehr wichtig, im Detail zu wissen, was Sie wie schnell bekommen wollen und bereit sind, dafür zu bezahlen.

## Kosten und Zeit

Sofern Sie so günstig wie möglich bauen möchten, empfehle ich Ihnen, sich Fachliteratur über dieses Thema zu besorgen und zu studieren. In Büchern über Kosteneinsparung ist relativ einfach dargestellt, wie Sie ein Haus konstruieren können, um die gewünschte Wirtschaftlichkeit zu erreichen. Wenn Sie z.B. wissen, dass:

- **Dämmung zwischen den Sparren billiger, als auf den Sparren ist**
- **sorgfältig ausgeführte Wandoberflächen sichtbar sein und Sie sich den Putz sparen können**
- **Dreischeiben-Verglasung nur bei verbessertem Schallschutz bzw. einem Niedrigenergiehaus, erforderlich ist**
- **extravagante Haus- bzw. Dachformen, Aufwand und Zeit kosten**

sparen Sie sich eine Menge Geld und Zeit sowohl bei der Planung, als auch in der Bauphase.

## Qualität

Einen Teppichboden können Sie wieder herausreißen, eine nicht mehr zeitgemäße Wandfarbe überstreichen und einen kaputten Wasserhahn austauschen, den Wand- bzw. Dachaufbau jedoch nicht. Mit der Entscheidung, welche Baustoffe Sie für die Wände bzw. das Dach verwenden, müssen Sie jahrzehntelang leben. Deshalb legen Sie Ihr Augenmerk zuerst auf die ‚Positionen‘ (Punkte), die baulich, wirtschaftlich und energetisch relevant sind, um Ihre Bedürfnisse nachhaltig zufriedenzustellen.

Eine gute Möglichkeit die bestmögliche Qualität sicherzustellen, ist die, dass Sie sich für Baustoff<u>systeme</u> entscheiden. Hier sind Wandbaustoffe, Mörtel, Putze, Stürze und Rollladenkästen etc. aufeinander abgestimmt, was das Fehlerpotential deutlich verringert.

## Baubeschreibung

Neben der Ausführungsplanung, also den Zeichnungen, erstellt der Architekt für Sie die Baubeschreibung (BBS), sofern Sie die im Architektenvertrag vereinbart haben, in der alles in Kombination mit den Plänen aufgelistet wird, was die Baufirmen umsetzen sollen. Die Baubeschreibung ergänzt in Textform die Pläne und ist ein sehr wichtiger, wenn nicht der wichtigste Bestandteil Ihres Bauprojektes, denn darin wird all das schriftlich festgehalten, was Sie später bekommen werden.

Leider habe ich schon mehrfach Baubeschreibungen gesehen, die aus nur drei Seiten bestanden, wovon die erste Seite aus Deckblatt mit Namen und Adressen und die letzte Seite aus dem Zahlungsplan bestand. In diesen Baubeschreibungen stand quasi nur drin, dass die Baufirmen ein Haus aus Ziegeln und ein Dach erstellen. Wie die Dachaufbauten konstruiert, die Außenanlagen gestaltet oder die Terrassen erstellt werden sollten, war nirgendwo erwähnt. Somit hatten die Baufirmen freie Hand und konnten auf die billigste Art und Weise bauen, so wie sie es für richtig hielten. Die Bauherren hatten während der Bauphase fast keinen Einfluss mehr auf die Art der Ausführung und mussten schließlich jede kleinste Änderung, die sie zur korrekten Ausführung notwendig war, aus eigener Tasche bezahlen.

# Weitere notwendige Büros beauftragt?

Bei Einfamilienhäusern ist die Beteiligung weiterer Büros überschaubar, da die anstehenden Aufgaben meist vom Architekten, dem Statikbüro und den Baufirmen abgedeckt werden können. Möchten Sie jedoch ein Mehrfamilienhaus oder gar einen ganzen Wohnkomplex inkl. Restaurants und Einkaufsmöglichkeiten oder ein Krankenhaus realisieren, werden weitere Büros notwendig sein. Dies können u.a. sein:

- **Prüf-Ingenieurbüro für Baustatik**
- **Ingenieurbüro für Brandschutz**
- **Ingenieurbüro für Brandschutzprüfung**
- **ELT Planungsbüro (Elektro)**
- **HLS Planungsbüro (Heizung / Lüftung / Sanitär)**
- **Freianlagen-Planungsbüro (Landschaftsarchitekt)**
- **Ingenieurbüro für Bauphysik**
- **Ingenieurbüro für Vermessung**
- **Fachplaner für Fassaden**
- **Fachplaner für Beleuchtungstechnik**
- **Fachplaner für Ausstattung im Gesundheitswesen u.v.m.**

Finden Sie auch hier wieder nach Möglichkeit mindestens drei Büros und lassen Sie sich vergleichbare Angebote zuschicken, denn auch hier gibt es große Unterschiede. Suchen Sie die, für Sie passendsten, Büros aus und beauftragen Sie diese immer schriftlich.

# In Kontakt mit Baufirmen/Generalunternehmen?

Entscheiden Sie sich für einen Generalunternehmer, um Ihr Haus bauen zu lassen, hat dies den Vorteil, dass Sie, was Baufirmen anbelangt, nur eine Firma als Ansprechpartner haben, während Sie bei der sog. Einzelvergabe mehrere Firmen zu beauftragen und zu koordinieren haben.

## Einzel-Vergabe

Befindet sich unter der Vielzahl an Firmen nur eine, die aus Gründen der guten Auftragslage, betriebliche Ausfälle oder sonstigem Grund, nicht funktioniert, kann dies Ihren gesamten Bauablauf und somit den Fertigstellungstermin über den Haufen werfen, sofern Sie diese Situation nicht wieder in die richtige Bahn lenken können. Der beste Bauleiter kann nichts dagegen machen, wenn eine Firma, die Sie beauftragt haben, komplett ausfällt.

Sofern Sie jedes Gewerk einzeln beauftragen möchten, ist es für Sie unabdingbar, eine Excel-Tabelle zu erstellen, in der Sie alle Firmen nach Gewerken sortieren und die Bearbeitungsstände notieren, um den Überblick zu bewahren. Diese kann etwa so aussehen.

# Checkliste Einzelvergabe

| Gewerk | Anschrift | Ansprechpartner | Telefon | E-Mail | Summe Angebot 1 | erhalten am: | Skonto | Nachlass | etc... |
|---|---|---|---|---|---|---|---|---|---|
| **Rohbauer** | | | | | | | | | |
| Firma 1 | | | | | | | | | |
| Firma 2 | | | | | | | | | |
| Firma 3 | | | | | | | | | |
| **Estrichfirma** | | | | | | | | | |
| Firma 1 | | | | | | | | | |
| Firma 2 | | | | | | | | | |
| Firma 3 | | | | | | | | | |
| **Elektriker** | | | | | | | | | |
| Firma 1 | | | | | | | | | |
| Firma 2 | | | | | | | | | |
| Firma 3 | | | | | | | | | |
| **Gewerk n** | | | | | | | | | |
| Firma 1 | | | | | | | | | |
| Firma 2 | | | | | | | | | |
| Firma 3 | | | | | | | | | |

Solch eine Liste zu führen, hat die Vorteile, dass Sie sowohl die Kosten, als auch Skonto und Nachlass der jeweiligen Firmen, direkt vergleichen können. Zudem haben Sie alle wichtigen Infos wie Ansprechpartner inkl. Telefonnummern parat, was Ihnen wiederum wertvolle Zeit spart. Sie können diese Liste selbstverständlich beliebig erweitern und alle Informationen einfügen, die für Ihr Verständnis wichtig sind.

## GU-Vergabe

Beabsichtigen Sie einen Generalunternehmer zu beauftragen, hat dieser sich um Probleme, wie oben beschrieben, zu kümmern und muss dennoch den Termin zur Fertigstellung einhalten. Jedoch hat alles seinen Preis. Und so können Sie mit einem monetären Aufschlag von 10-20% auf jedes Gewerk (Baufirma) rechnen. Dies gilt für die Auftragssumme eines jeden Gewerkes, als auch für Nachträge (zusätzliche Maßnahmen).

Als Bauherrenvertretung hatte ich einen Fall, bei dem der verunreinigte Untergrund einen Nachtrag, seitens des Erdbauunternehmens, rund 300.000,-- € Mehrkosten verursacht hat. Der Generalunternehmer hat, gemäß Vertrag, 10% verlangt, was in diesem Fall 30.000,-- € sind.

Für eine E-Mail und eine Hand voll Telefonate zwischen dem Bauleiter des GUs und dem Erdbauunternehmen, hat der Generalunternehmer satte 30.000,-- € verdient. Nicht schlecht, oder?

Deshalb prüfen Sie genau, was in den Verträgen steht, die Sie unterschreiben möchten, und ob es mit dem übereinstimmt, was Sie zuvor mündlich vereinbart haben.

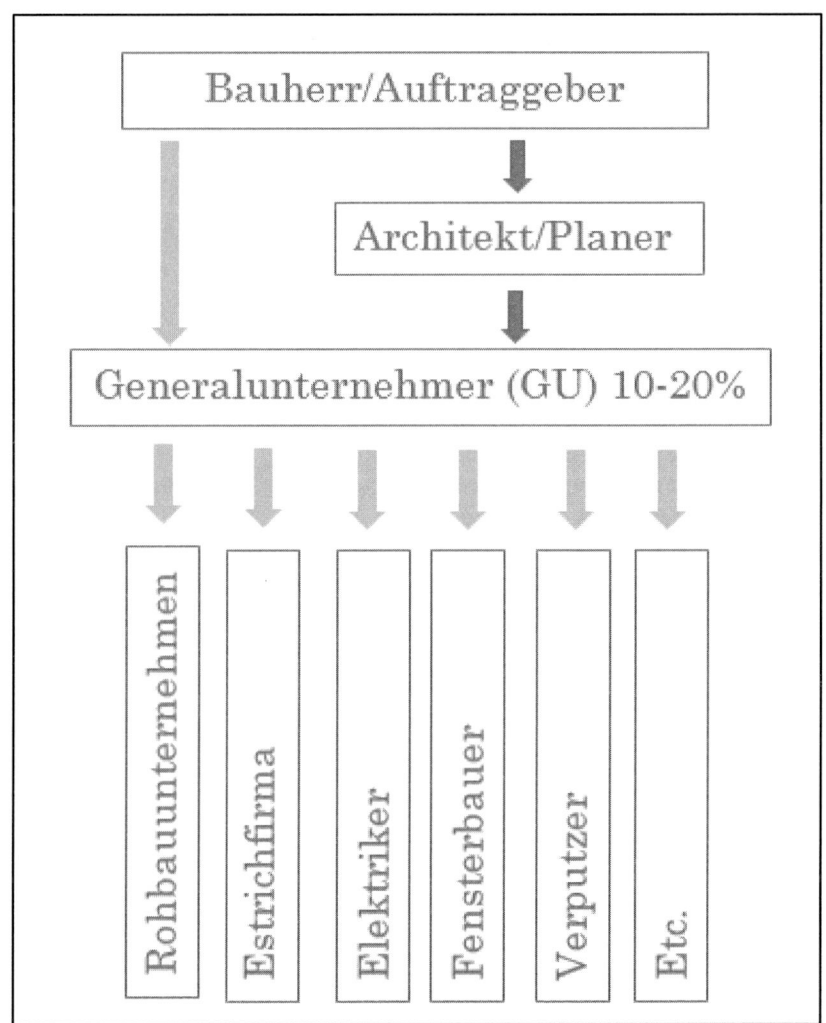

Abbildung 5 Kosten Generalunternehmer

# In Kontakt mit Anwalt für Baurecht?

Wenn während der Bauphase Streitigkeiten zwischen der Baufirma und der Bauherrschaft entstehen, hat meist die Baufirma erst einmal die besseren Karten, da sich diese i.d.R. schon länger im Bausektor befindet als die Bauherrschaft und somit einen Fachanwalt zur Seite hat. Die Bauherrschaft muss dann innerhalb kürzester Zeit einen Anwalt auftreiben, der Kapazitäten zur Verfügung hat, um den Fall übernehmen zu können. Zeit zwischen mehreren Anwälten zu vergleichen, bleibt dann meist keine mehr, und so ist die Bauherrschaft gezwungen, den Anwalt zu beauftragen, der gerade Zeit hat, ohne dessen Kompetenzen geprüft zu haben.

Deshalb nutzen Sie jetzt die Zeit, um sich über Anwälte im Baurecht in Ihrer Gegend zu informieren, zu vergleichen und ersten Kontakt zur Kanzlei aufzunehmen. Sprechen Sie kurz mit dem Anwalt, um ihn kennenzulernen, einzuschätzen und ein paar Fragen vorab zu stellen, auf was Sie baurechtlich während den einzelnen Phasen zu achten haben.

Vereinbaren Sie auch einen Stundenlohn, sodass Sie bei Fragen zu Streitigkeiten kurz anrufen und den Fachanwalt für Baurecht um Rat fragen können, was nun zu tun ist, ohne eine unerwartet horrende Rechnung befürchten zu müssen.

Der junge Baurechtsanwalt einer meiner Klienten, hatte noch keinerlei Expertise in dieser Branche, hatte aber dennoch den Fall angenommen, um erste Erfahrungen sammeln zu können.

Der erfahrene Baurechtsanwalt eines weiteren Klienten aus demselben Neubaugebiet hatte zwar die Expertise, jedoch kein Interesse, den Fall zu gewinnen, sondern nur Geld mit seinen Klienten zu verdienen.

Beide Klienten waren während der Abnahmephase in Zugzwang und mussten auf die Schnelle den nächstbesten Anwalt beauftragen. Der junge Anwalt hielt der Erfahrung des Anwalts der Baufirma nicht lange Stand und gab den Fall ab. Also wechselte der Klient zum erfahrenen Anwalt des benachbarten Bauherrn.

**Fazit:**

- Der eine Klient verlor den Fall vor Gericht und bekam die von der Baufirma geschuldeten 40.000,-- € nicht zurück.
- Der andere Klient lebte über ein Jahr lang in einem gänzlich unfertigen Haus.

# In Kontakt mit Bausachverständigen?

Je nach Vertrauensverhältnis zu Ihrem Architekten und dessen Kompetenz, kann es u.U. sein, dass Sie keinen Bausachverständigen benötigen. Jedoch zeigt sich in der Praxis, dass sowohl Baufirmen als auch weniger erfahrene bzw. junge Architekten während der Bauphase vor Ort stets dazulernen. Denn kein Mensch alleine kann alle Details, alle neuen Produkte oder alle aktualisierten Normen kennen. Auch der erfahrenste Bausachverständige ist auf die Literatur und permanente Fortbildungen angewiesen, um sein Wissen stets auf höchstem Niveau zu halten.

Sollten Sie sich für einen Bausachverständigen entscheiden, ist es ratsam, diesen <u>mindestens</u> einzuladen zur:

- **Rohbauabnahme**
- **Endabnahme**
- **Gewährleistungsabnahme**

Auch wenn einer der Beteiligten etwas dagegen hat, dass ein Bausachverständiger anwesend ist und die geleisteten Arbeiten bemängelt, ist es dennoch <u>Ihre</u> Entscheidung, die Sie treffen dürfen. Es ist schließlich Ihr Projekt, Ihr Traumhaus und Ihr gutes Recht, dass Sie eine mangelfreie Immobilie übergeben bekommen.

Sollten Sie bereits bei den Vertragsverhandlungen Hilfe benötigen, ist eine Option, dass Sie diese Verträge von einem Bausachverständigen oder dem Fachanwalt für Baurecht prüfen lassen können. Und falls Sie während der Bauphase den Eindruck haben, dass nicht so gearbeitet wird, wie es sein sollte, können Sie einen Bausachverständigen auch regelmäßig zu den Baustellenterminen (Jour fixe) einladen. Dies läuft unter ,Baubegleitende Qualitätssicherung' und ist die sicherste Methode, um ein nahezu mangelfreies Gebäude zu errichten. Denn ist der Murks erst einmal verputzt, kann ihn bei der Endabnahme auch der beste Bausachverständige nicht mehr entdecken.

# Notwendige Versicherungen abgeschlossen?

Versicherungen können im Schadenfall vor dem finanziellen Ruin bewahren, das weiß jeder. Doch welche Versicherungen benötigen Sie bei der Realisierung Ihres Traumes vom Eigenheim?

Nun, damit Sie das Richtige zum richtigen Zeitpunkt erledigen, habe ich die notwendigen Versicherungen gesplittet und die Art von Versicherungen in dieses Kapitel geschrieben, die Sie <u>vor Baubeginn</u> abschließen und in die, die Sie <u>während der Abnahmephase</u> abschließen können bzw. sollten.

## Grundstückshaftpflichtversicherung

Diese Versicherung können Sie abschließen, wenn zwischen Grundstückskauf und Baubeginn eine längere Zeit (z.B. zwei Jahre) vergeht und somit das Grundstück unbebaut bleibt. Während dieser Zeit tritt die Grundstückshaftpflichtversicherung ein, sollten beispielsweise Personen, beim Betreten des Grundstücks, zu Schaden kommen.

## Bauleistungsversicherung

Diese Versicherung tritt dann ein, wenn während der Bauphase das Gebäude und oder Baumaterial durch z.B. Erdbeben, Orkan oder Überschwemmung zerstört bzw. beschädigt wird.

## Bauherrenhaftpflichtversicherung

Der Versicherungsbeitrag für diese Versicherung ist einmalig zu entrichten und ist abhängig von der Bausumme. Hier lohnt sich wieder der Vergleich zwischen mehreren Versicherungsanbietern. Die Bauherrenhaftpflichtversicherung greift, wenn z.B. Passanten verletzt oder geparkte Autos durch herunterfallende Dachziegel beschädigt werden.

## Bauhelferversicherung

Ihre Bauhelfer, also Ihre Freunde, Bekannten und Verwandten sind <u>nicht</u> durch die Bauherrenhaftpflicht mit abgedeckt, weshalb Sie die Bauhelferversicherung zusätzlichen abschließen sollten, sofern Sie Helfer auf Ihrer Baustelle beschäftigen wollen. Zudem sollten Sie nicht vergessen, dass Sie diese Helfer bei der Bau-Berufsgenossenschaft anmelden müssen.

## Private Unfallversicherung

Während die Bauherrenhaftpflicht alle am Bau <u>unbeteiligten</u> Personen und Gegenstände versichert und die Bauhelferversicherung ausschließlich die Helfer versichert, greift die private Unfallversicherung dann, wenn Sie als Bauherr mit anpacken und zu Schaden kommen sollten.

## Baufertigstellungsversicherung und Baugewährleistungsversicherung

Sofern Sie in den Verträgen mit den Baufirmen eine Baufertigstellungs- sowie eine Gewährleistungsbürgschaft vereinbaren können, benötigen Sie diese beiden Versicherungen nicht zusätzlich. Sollten sich die Baufirmen jedoch nicht auf diese beiden Klauseln in den Verträgen einlassen oder fallen die Baufirmen sogar komplett aus, können diese Versicherungen das Risiko, dass Sie auf den Kosten sitzen bleiben, verringern.

## Risikolebens- bzw. Restschuldversicherung

Diese Versicherung greift im Falle, dass der Kreditnehmer (Hauptverdiener) stirbt und schützt die Hinterbliebenen vor dem finanziellen Ruin.

# Baugenehmigung erhalten und geprüft?

Verständlicherweise werden Sie sich jetzt die Fragen stellen, wie Sie das denn überhaupt prüfen können? Ganz einfach.

Wenn Ihr Architekt die Baugenehmigung erhalten haben sollte, wird er Sie bereits geprüft haben und Sie dann anschließend kontaktieren, um mit Ihnen die weitere Vorgehensweise zu besprechen.

Sollten wie im Regelfall <u>Sie</u> die Baugenehmigung zuerst erhalten, dann scheuen Sie sich nicht davor, Sie anzusehen. Die Baugenehmigung ist ja Ihr Bauantrag, den Sie bereits kennen, plus ein Anschreiben des Bauaufsichtsamtes und ggf. deren Eintragungen, also ist dieses wichtige Dokument nichts Neues für Sie.

Eintragungen sind nichts anderes als mit einem bunten Stift, im Plan, eingetragene Bemängelungen des Amtes, denen Sie natürlich unbedingt Folge zu leisten haben. Zudem kann auch noch ein Anschreiben des Bauaufsichtsamtes beigefügt sein, in dem diverse Punkte aufgelistet sind, die Sie abzuarbeiten bzw. einzuhalten haben.

Auch sollten Sie prüfen, ob die Entwässerungsgenehmigung bereits beigefügt wurde und diese ebenfalls auf Eintragungen kontrollieren. Falls die Entwässerungsgenehmigung noch nicht beigefügt sein sollte, notieren Sie sich dies und halten Sie es nach, damit es nicht in Vergessenheit gerät. Zudem sollte der Baufreigabeschein/Bautafel beigefügt sein, den Sie bei der Erstbegehung vor Baubeginn gut sichtbar vor Ort anbringen müssen.

Nach Ihrer Prüfung notieren Sie sich alles, was Ihnen unklar erscheint und telefonieren auf jeden Fall mit dem Architekten, um diese Punkte zu klären und um zu regeln, wer sich um die Abarbeitung der Bemängelungen des Bauaufsichtsamtes kümmern wird.

Den Architekten sollten Sie allein deshalb schon kontaktieren um ihm mitzuteilen, dass die Baugenehmigung bereits bei Ihnen eingegangen ist. Tun Sie das nicht, riskieren Sie unter Umständen eine wochenlange Verzögerung, da der Architekt nichts von der eingegangenen Baugenehmigung mitbekommen hat und somit auch keine weiteren Schritte einleiten wird.

## Brandschutzgutachten erhalten und geprüft?

Der Bereich Brandschutz ist ein Spezialbereich, in den sich nicht sehr viele Ingenieure wagen, da er mit sehr viel Verantwortung behaftet ist und kaum einer das Risiko, dass ein Haus in Flammen aufgehen könnte, weil er einen Fehler gemacht hat, tragen möchte. Deshalb keine Panik! Keiner erwartet von Ihnen, dass Sie als Laie verstehen, was darin geschrieben steht. Der Fokus liegt mehr darauf, dass Sie prüfen, ob dieses wichtige Dokument eingegangen ist und dies in der Bauherrenchecliste abhaken.

Je größer und komplexer Ihr Bauvorhaben, desto umfangreicher wird auch Ihr Brandschutzkonzept sein, denn in einem Einfamilienhaus wird beispielsweise keine Notbeleuchtung oder eine Sprinkleranlage benötigt, in einer Schule ist dies jedoch unabdingbar. Dies ist in der jeweiligen Landesbauordnung geregelt und von Ihrem Architekten zu überprüfen.

Falls Sie also ein freistehendes Einfamilienhaus bauen, können Sie dieses Kapitel i.d.R. überspringen, denn dann sollte es ausreichend sein, wenn Sie Rauchmelder in den entsprechenden Räumen installieren. Bei z.B. Mehrfamilienhäusern, Schulen, Bürokomplexen, Supermärkten usw. ist ein Brandschutzkonzept zwingend notwendig, wobei Anlagen verbaut werden, wie beispielsweise:

- **Notbeleuchtung**
- **Sprinkleranlage**
- **Alarmanlage mit Direktaufschaltung zur Feuerwehr**
- **Handfeuerlöscher mit Piktogrammen**
- **Fluchtwegkennzeichnungen**
- **Brandschutzanlage**
- **Notstromanlage**
- **Löschstationen**
- **Rauchabsauganlagen**
- **etc.**

Aber dies ist, wie gesagt, Sache von Spezialisten und hier nur kurz erwähnt, damit Sie einige wenige Begrifflichkeiten schon mal gehört haben.

## Statik erhalten und geprüft?

Hier gilt das Gleiche, wie beim Brandschutzgutachten. Sie müssen nicht alles verstehen, was in der Statik oder auch Standsicherheitsnachweis genannt, geschrieben steht. Hauptsache, Sie haben die Statik rechtzeitig, also vor der nächsten Phase, jedoch spätestens vor Baubeginn, erhalten.

Jedoch kann sich auch hier ein Blick in die Statikpläne lohnen, denn, wenn in den Plänen vermerkt ist, dass beispielsweise der Keller mit einer bituminösen Abdichtung zu versehen ist, die 4 mm dick zu sein hat, dann ist das auch für einen Laien verständlich. Auch wenn Sie jetzt nicht wissen sollten was ‚bituminös‘ bedeutet, können Sie dennoch den Statikplan später mit auf die Baustelle nehmen, der Baufirma vorlegen und auf die Einhaltung der 4 mm dicken Abdichtung bestehen.

Je mehr Sie sich mit Ihrem Projekt beschäftigen, desto reibungsloser wird der Ablauf sein, desto weniger zahlen Sie drauf und desto weniger wird in der Bauphase gemurkst.

## Prüfstatik erhalten und geprüft?

Da die Regelung, ob eine Statik von einem unabhängigen Statiker, also einem Prüfstatiker, zu prüfen ist, von Bundesland zu Bundesland unterschiedlich ist, halten Sie Rücksprache mit Ihrem Architekten. Da dieser i.d.R. mehr Erfahrung hat als Sie, wird er Ihnen aus dem Effeff sagen können, ob für Ihr Bauvorhaben, eine Prüfstatik notwendig ist oder nicht.

Sofern für Ihr Bauvorhaben eine Prüfstatik erforderlich sein sollte, kann es sein, dass Ihr Bauaufsichtsamt einige Prüfstatiker vorgibt, die Sie dann beauftragen müssen, weshalb Sie sich diesbezüglich mit Ihrem Ansprechpartner im Amt in Verbindung setzen sollten, bevor Sie separat einen Prüfstatiker beauftragen, der nicht von Ihrem Bauaufsichtsamt vorgegeben wurde und Sie den Vertrag ggf. stornieren müssen.

Auch hier gilt wieder, dass es für Sie wichtiger ist, zu wissen, dass das Dokument vorhanden ist, anstatt alles zu verstehen, was dort geschrieben steht.

# Ausführungsplanung erhalten und geprüft?

Die ist der letzte Punkt der Vorbereitungsphase und sozusagen der Startschuss für die darauffolgende Angebotsphase. Die Ausführungsplanung inkl. der Baubeschreibung (BBS), sind die Basis, auf der Baufirmen, die die Kosten kalkulieren, also die Angebote erstellen.

Bedenken Sie, dass die Baufirmen, die Ihr Haus kalkulieren und später bauen sollen, keinerlei Kenntnisse davon haben, was Sie mit Ihrem Architekten oder den weiteren Fachplanern vereinbart haben.

Auch Dinge die Sie sich

- **denken**
- **wünschen oder**
- **vorstellen,**

ohne Sie niederzuschreiben, sind Dinge die die Baufirmen nicht erraten werden.

Die Baufirmen kalkulieren nur anhand dessen, was in der Baubeschreibung und der Ausführungsplanung steht, was verdeutlichen soll, wie wichtig es ist, dass Sie großes Augenmerk auf diese beiden Dokumente legen sollten.

Also nehmen Sie die Ausführungsplanung und die Baubeschreibung zur Hand und vergleichen das Geschriebene bzw. das Gezeichnete, mit dem, was Sie und Ihr Architekt vereinbart haben und im Protokoll niedergeschrieben haben.

Dies hat nichts mit Misstrauen zu tun, sondern mit rein sachlicher Fehlervermeidung. Denn Fehler erst in der Ausführungsphase zu erkennen und zu beseitigen, ist deutlich aufwendiger und teurer, als Änderungen im Plan vorzunehmen.

Sofern Sie ein Mehrfamilienhaus oder ein Krankenhaus etc. realisieren möchten, ist es ebenso wichtig, die weiteren Planungen der Fachplaner zu erhalten und zu prüfen. Hierbei ist es ganz wichtig die Schnittstellen zwischen den einzelnen Planungsbüros abzustimmen, sodass beispielsweise die Lüftungsanlage vom Brandschutzgutachter abgesegnet wird, oder der Verteilerkasten des Elektrogewerkes nicht hinter einer Tür geplant wird, sodass sich diese nicht mehr öffnen lässt.

Nehmen Sie sich, zusammen mit Ihrem Partner/Partnerin ein paar Tage Zeit und gehen Sie Punkt für Punkt und Raum für Raum durch die Planung. Hinterfragen Sie alles Geschriebene bzw. Gezeichnete und halten Sie im Anschluss Rücksprache mit Ihrem Architekten, um alle erkannten Punkte abzustimmen.

Jeder Punkt, den Sie jetzt, in dieser Phase erkennen und zum Guten ändern, spart Ihnen später in der Ausführungsphase bares Geld und sehr viel Zeit!

# Alle wichtigen E-Mails/Schriftstücke strukturiert abgelegt?

Sofern er nicht schon vorhanden ist, sollten Sie sich einen Scanner zulegen, der schon ab 70,-- € erhältlich ist und sich einen PDF Creator herunterladen, denn eine PDF-Datei (Portable Document Format) ist ein Format zu Langzeitarchivierung welches unveränderbar ist. Scannen Sie alles ein, was Ihnen wichtig erscheint und legen es in Ihrer digitalen Ordnerstruktur ab. Sofern Sie alles digital vorliegen haben, können Sie den angelegten Ordner nach der Baufertigstellung auf einen USB-Stick ziehen und in einen feuersicheren Tresor lagern.

| Name | Änderungsdatum | Typ |
|------|----------------|-----|
| 01 Planungsunterlagen | 13.06.2018 18:21 | Dateiordner |
| 02 Ausschreibungsunterlagen | 13.06.2018 18:17 | Dateiordner |
| 03 Angebote Baufirmen | 13.06.2018 18:21 | Dateiordner |
| 04 Beauftragungen Baufirmen | 13.06.2018 18:21 | Dateiordner |
| 05 Rechnungen Baufirmen | 13.06.2018 18:21 | Dateiordner |
| 06 Angebote Planungsbüros | 13.06.2018 18:21 | Dateiordner |
| 07 Beauftragungen Planungsbüros | 13.06.2018 18:21 | Dateiordner |
| 08 Rechnungen Planungsbüros | 13.06.2018 18:21 | Dateiordner |
| 09 Baubeginnsanzeige | 13.06.2018 18:21 | Dateiordner |
| 10 Fotodokumentation | 13.06.2018 18:21 | Dateiordner |
| 11 Bestellungen | 13.06.2018 18:21 | Dateiordner |
| 12 Bauzeitenpläne | 13.06.2018 18:21 | Dateiordner |
| 13 Protokolle QS | 13.06.2018 18:21 | Dateiordner |
| 14 Abnahmeprotokolle | 13.06.2018 18:21 | Dateiordner |
| 15 Versicherungen | 13.06.2018 18:21 | Dateiordner |
| 16 Anzeige zur Nutzungsaufnahme | 13.06.2018 18:21 | Dateiordner |
| 17 Mängelrügen | 13.06.2018 18:21 | Dateiordner |
| 18 Finazierungsunterlagen | 13.06.2018 18:21 | Dateiordner |
| 19 Schriftverkehr | 13.06.2018 18:21 | Dateiordner |

Abbildung 6 Beispiel Digitale Ordnerstruktur

Zudem sollten Sie auch einen physischen Ordner erstellen, der ebenfalls eine Struktur, ähnlich wie die digitale Ordnerstruktur hat.

Sobald Sie:

- **ein Protokoll**
- **eine wichtige E-Mail mit**
  - **Terminen**
  - **Detailklärungen**
  - **Fristen**
- **Ausführungsplanungen**
- **Zahlungserinnerungen**
- **Angebote**
- **Verträge**
- **Rechnungen etc.**

erhalten, legen Sie dies sofort als PDF Datei in Ihrer digitalen Ordnerstruktur ab. Erhalten Sie Dokumente oder Schriftstücke per Post, scannen Sie diese umgehend ein, und legen dieses ebenfalls ab.

Bennen Sie die Dateien so eindeutig, dass Ihr PC diese automatisch nach Datum sortiert und Sie die Dateien per Suchfunktion wiederfinden.

Vorschlag Dateibenennung: ***20180613 Auftrag Rohbau Firma Schulz***

Erledigen Sie den unangenehmen Bürokram am besten sofort, bevor irgendein wichtiges Ereignis oder ein wichtiges Dokument im Chaos untergeht.

# Angebotsphase

*„Die Menschen verstehen nicht,*
*welch große Einnahmequelle in der Sparsamkeit liegt."*
Marcus Tullius Cicero (106-43 v. Chr.)

Frau Feuerfall, eine Bauherrin, wuselte eine Woche lang durch ihre Wohnung, legte Kinderklamotten zusammen, tippte an ihrem Smartphone herum und rannte täglich mit den Paketen zur Poststelle in ihrem kleinen Städtchen. Nach einer Woche verkündete sie stolz, dass sie richtig Kohle gemacht hatte, denn Sie hatte 70,-- € verdient, die sie in den Hausbau investieren wollte.

Sofern Sie als Bauherr die Einzelvergabe gewählt haben, Sie die Baumaßnahme also nicht von einem Generalunternehmer (GU) ausführen lassen, kommen Sie jetzt in die Phase, in der Sie, durch kluges Handeln, wirklich viel Geld sparen können. Eine Einzelvergabe bedeutet für Sie zwar mehr Aufwand, jedoch haben Sie den Vorteil, dass Sie von Vergabe zu Vergabe immer routinierter und somit besser bei den monetären und den technischen Verhandlungen sein werden. Sie sparen sich nicht nur die rund 10% GU-Aufschlag auf die Gesamtsumme, sondern haben, da Sie in die Rolle des Projektmanagers schlüpfen, die Möglichkeit, durch ein paar Telefonate mehrere tausend Euro zu sparen.

## Tipp aus der Praxis:
Auch wenn es etwas Überwindung kostet, kümmern Sie sich um die großen Positionen in den Verträgen!

# Ausschreibungsunterlagen an Baufirmen versendet?

Je nach vertraglicher Vereinbarung zwischen Ihnen und Ihrem Architekten senden entweder das Architekturbüro oder Sie selbst die ‚Ausschreibungsunterlagen‘, also die Ausführungsplanung und die Baubeschreibung sowie die Statik etc. an die Baufirmen. Welche Variante auch bei Ihnen greifen wird, sollten dennoch <u>Sie</u> die Zügel in der Hand behalten und wissen, wann welche Baufirmen was erhalten haben und dies auch dokumentieren.

Bereiten Sie alle Unterlagen als Kopien in Papierform oder als PDF-Dateien vor. Und erst, wenn Sie sich absolut sicher sind, dass Sie wirklich alle vorbereitenden Maßnahmen getroffen haben, versenden Sie alle Ausschreibungsunterlagen am selben Tag an die Baufirmen, die Sie zuvor schon ausfindig gemacht haben. Das hat den Vorteil, dass Sie erkennen können, welche Firma wie viel Zeit benötigt, um sich bei Ihnen zu melden bzw. das Angebot abzugeben, was auf die Arbeitsweise der Firma schließen lässt.

Bei meiner Tätigkeit als Projektmanager habe ich gelernt, dass der persönliche Kontakt stets gewahrt sein sollte, weshalb es ratsam ist, einen Ansprechpartner der jeweiligen Firma zu haben.
Also telefonieren Sie mit den Firmen und fragen Sie den jeweiligen Ansprechpartner nach dessen E-Mail-Adresse und speichern dessen Telefonnummer. So erhöhen Sie die Chance, bereits nach ein paar Tagen, ein Angebot zu erhalten.
Wenn Sie jedoch ohne persönlichen Kontakt Ihre Unterlagen an info@Firma.xy senden, kann es passieren, dass Ihre Mail einfach untergeht und Sie, je nach Auftragslage, nie wieder etwas von der Firma hören. Spätestens nach einer Woche sollten Sie die Firmen anrufen und ganz höflich und vorsichtig nachfragen, ob Ihre Unterlagen eingegangen sind und wie der Stand der Bearbeitung ist. So können Sie ganz sanften Druck ausüben und die Firmen werden sich baldmöglichst mit Angeboten bei Ihnen melden.

Rufen Sie jedoch erst nach drei Wochen an und sind patzig am Telefon, weil Sie so lange warten mussten, wird das nicht sehr erfolgsversprechend sein.

## Angebote erhalten?

Wie im Kapitel ‚*Grundlagen Vertragswesen*' bereits erwähnt, sollten zu jedem Gewerk mindestens drei <u>vergleichbare</u> Angebote vorliegen. Haben Sie nur <u>ein</u> Angebot, haben Sie gar nichts!

Einer meiner Klienten hatte ein Angebot für dessen Rohbau über 120.000,-- € vorliegen und war sehr zufrieden, da er glaubte, dass das ein guter Preis sei. Aber woher weiß er das? Ich meine, wer sagt ihm das?

Als Bausachverständiger habe ich den Vorteil, dass ich leicht zwischen den einzelnen Baustellen, Angeboten, Grundstücken und Baufirmen vergleichen kann, da ich Einblick in die Unterlagen habe und bei vielen verschiedenen Projekten involviert bin. So hatte ich beispielsweise zwei Aufträge von verschiedenen Bauherren erhalten, die mit dem gleichen Architekten, wie auch den gleichen Baufirmen zusammenarbeiteten, weshalb die beiden Häuser von der Größe und Beschaffenheit fast wie Zwillinge dastanden. Nur das Dach war bei Haus 1 etwas einfacher konstruiert als bei Haus 2 und dennoch zahlten die Bauherren von Haus 1 rund 40.000,-- € mehr, als die Bauherren für Haus 2.

**40.000,- € mehr für den Rohbau!!!**

Warum? Weil der Bauherr von Haus 1 nur ein einziges Angebot vorliegen hatte.

Rufen Sie sich nochmals die Geschichte von Frau Feuerfall ins Gedächtnis, die stolz war, dass sie mit dem Verpacken und Versenden von Kinderklamotten 70,-- € in ‚nur' einer Woche dazu verdient hatte.

## Fazit: Viel Aufwand, wenig Ertrag!
Der Bauherr von Haus 2 hat, mit zwei weiteren Angeboten, 40.000,-- € gespart.

## Fazit: Wenig Aufwand, viel gespart!

Bei einem weiteren Bauvorhaben erhielt die Bauherrin ein Angebot über 21.000,-- € für das Liefern und Montieren ihrer Fenster. Sie hielt dieses Angebot für unseriös, ließ sich weder von der Zeit, noch von der Montagefirma unter Druck setzen und ließ ein zweites Angebot von einer weiteren Montagefirma erstellen.

Das zweite Angebot in Höhe von 7.000,-- € kam bereits nach ein paar Tagen. 7.000,-- € sind genau ein Drittel von 21.000,-- €!

Überlegen Sie bitte, wie viele Kinderklamotten Sie bei Ebay verkaufen müssten, um die Differenz, also 14.000,-- €, zu verdienen und wie viel Zeit Sie dafür benötigen würden!

Kluges Vorgehen während der Angebotsphase spart Ihnen bares Geld! Seien Sie sich dessen stets bewusst und lassen Sie sich niemals von egal wem oder was unter Druck setzen. Denn wer unter Zugzwang ist, hat die schlechteren Karten!

# Finanzierungsangebote eingeholt?

Nachdem Sie mindestens drei Finanzierungsangebote vorliegen haben, nehmen Sie das teuerste, gehen damit zu Ihrer Bank des Vertrauens und lassen sich intensiv beraten. Nachdem Sie sich ausgiebig beraten ließen, alle Details verstanden und ein Finanzierungsangebot erhalten haben, gehen Sie zu weiteren Banken und gehen hier mit der gleichen Taktik vor, wie bei der Angebotseinholung bei Baufirmen.

D. h. Sie kennen in diesem Fall:

- **Die maximale Finanzierungssumme**
- **Den Zinssatz**
- **Den Tilgungssatz**
- **Die Darlehnslaufzeit**
- **Die Zinsbindungsdauer**
- **Den Sondertilgungssatz**
- **Etc.**

und können nun diese und viele weitere für Sie relevanten Punkte auf die Kommastelle genau mit den Finanzierungsangeboten der anderen Banken vergleichen.

Der Vergleich lohnt sich, denn Sie haben es beim Hausbau mit großen Summen zu tun. Und da kommt es auf jede Stelle nach dem Komma an!

# Kostenübersicht erstellt?

Die Kostenübersicht ist ein sehr wichtiges Dokument, welches im Projektmanagement als ‚cost-controlling-tool' bezeichnet wird, um Ihre Kosten im Griff zu behalten.

Im Kapitel ‚in Kontakt mit Baufirmen/Generalunternehmen' haben Sie bereits die Vorlage in Excel erstellt, die Sie nun weiterführen (etc…) können. Diese kann wie unten dargestellt aussehen oder beliebig ergänzt/gekürzt werden.

| Kostenübersicht | | | | | | | | | | | |
|---|---|---|---|---|---|---|---|---|---|---|---|
| Gewerk | etc… | Summe Angebot 1 | erhalten am: | Skonto | Nachlass | technische Details geklärt? | Summe Angebot 2 | erhalten am: | Firma beauftragt am: | etc… | |
| **Rohbauer** | | | | | | | | | | | |
| Firma 1 | | | | | | | | | | | |
| Firma 2 | | | | | | | | | | | |
| Firma 3 | | | | | | | | | | | |
| **Estrichfirma** | | | | | | | | | | | |
| Firma 1 | | | | | | | | | | | |
| Firma 2 | | | | | | | | | | | |
| Firma 3 | | | | | | | | | | | |
| **Elektriker** | | | | | | | | | | | |
| Firma 1 | | | | | | | | | | | |
| Firma 2 | | | | | | | | | | | |
| Firma 3 | | | | | | | | | | | |
| **Gewerk n** | | | | | | | | | | | |
| Firma 1 | | | | | | | | | | | |
| Firma 2 | | | | | | | | | | | |
| Firma 3 | | | | | | | | | | | |

Aus Erfahrung kann ich Ihnen, eine solche Excel-Tabelle zu erstellen und zu pflegen, nur wärmstens empfehlen, da Sie alle relevanten Daten in einer Übersicht zusammengefasst haben und schnell darauf zugreifen können, ohne lange in Ordnern stöbern zu müssen.

Erstellen Sie solch eine Liste nicht, verlieren Sie zwischen all den mehrseitigen Angeboten in Papierform die Übersicht und das birgt das Risiko, dass wichtige Infos oder Zahlungsziele verloren gehen, bzw. nicht eingehalten werden.

# Technische Details mit Firmen geklärt?

Obwohl alle Firmen die gleichen Ausschreibungsunterlagen erhalten haben, werden die Angebote, bei einigen technischen Details, abweichen und somit die Endsumme nach oben bzw. unten verändern.

Hier gilt es im Detail zu prüfen, ob der Vorschlag der Firma 1 akzeptabel für Sie ist oder nicht. Gefällt Ihnen der Vorschlag der Firma 1, weil dieser Ihnen ein paar tausend Euro spart, besprechen Sie das mit Firma 2 und 3, damit auch deren Angebote bei einzelnen Positionen günstiger werden.

Auch wenn Sie nicht viel von Technik oder Bauwesen verstehen, der Aufwand lohnt sich.

## Ein Beispiel zur Verdeutlichung:

Wenn eine Baufirma vorschlägt ‚Putz y' statt ‚Putz x' zu verwenden und Sie sich damit 9.000,-- € sparen, gilt es, dies zu prüfen. Entweder Sie lesen dies in Ihren Fachbüchern, die Sie sich besorgt haben nach, oder besprechen dies mit Ihrem Architekten oder Bausachverständigen. Gibt Ihnen einer dieser Fachleute grünes Licht für ‚Putz y', da dies bautechnisch kein Risiko birgt, gilt es jetzt die Angebote der Firmen 1-3 dementsprechend anzupassen.

Da die Baufirmen auf ihre bewehrten (eingespielten) Methoden zurückgreifen, werden sie Ihnen genau diese Methoden vorschlagen, da sich die Firmen damit schon auskennen und Erfahrungen mit der Verarbeitung dieser oder jener Materialien haben. Sie aber sollten darauf achten, dass Sie das bekommen, was gut für Sie ist! Und das ist neben den, von Ihnen gewünschten Materialien, der günstigste Preis.

Auch wenn das Angebot 12 Seiten lang ist, gehen Sie Punkt für Punkt durch, überprüfen und verhandeln Sie. Sie werden staunen, wie viel tausende Euro Sie sich dadurch am Ende sparen werden.

**Jetzt werden technische Entscheidungen getroffen und die Ausführungsart festgelegt!**

Wenn Sie erst während der Bauphase, also wenn die Materialien schon geliefert wurden, beschließen, dass Ihnen der ‚Putz x' zu teuer ist und Sie lieber den um 9.000,-- € günstigeren ‚Putz y' haben möchten, passiert folgendes:

Die Baufirma wird Ihnen sagen, dass das schon möglich ist, aber es dann einen Aufpreis gibt, da das Material wieder abtransportiert und eine neue Lieferung ausgelöst werden muss usw. Die Gebühr von 3.000,-- € nehmen Sie dann ggf. in Kauf und freuen sich, dass Sie wenigstens doch noch 6.000,-- € gespart haben, obwohl Sie tatsächlich gerade 3.000,-- € verloren haben!

# Korrigierte Angebote erhalten?

Nachdem alle technischen Details geklärt und von jedem der Beteiligten, alles verstanden wurde, sollten in den kommenden Tagen die korrigierten Angebote bei Ihnen eintrudeln. Diese sehen Sie auch noch mal durch und prüfen <u>nochmals</u>, ob auch alles so wie besprochen, in den Angeboten steht.

Wenn Sie mit den Angeboten und den darin enthaltenen technischen Details zufrieden sind, nehmen Sie einen Taschenrechner zur Hand und tippen eine Position nach der anderen ein und prüfen, ob die Summen der Angebote korrekt sind. Denn oft schleichen sich Tippfehler ein, weil z. B. der Chef der kleinen Firma am Sonntag, total übermüdet, noch schnell das Angebot überarbeitet hat. Dies ist oft keine böse Absicht, kommt aber immer wieder vor. Also prüfen Sie die Summen!

Anschließend tragen Sie die Summen der technisch korrigierten Angebote in Spalte ‚Summe Angebot 2' ihrer Exceltabelle und sehen deutlich, um wie viel tausend Euro, jede der Firmen im Vergleich zu ‚Angebot 1', günstiger geworden ist. Somit haben Sie den optimalen Vergleich zwischen dem ersten und dem zweiten Angebot der jeweiligen Firma und zwischen den Firmen. Denn im Idealfall haben nun alle Firmen die gleichen technischen Details im Angebot und ähnliche Preise sowie Ausführungszeiten, Start und Dauer der Baumaßnahme aufgeführt, sind also absolut vergleichbar.

| | | | Kostenübersicht | | | | | | | |
|---|---|---|---|---|---|---|---|---|---|---|
| Gewerk | etc... | Summe Angebot 1 | erhalten am: | Skonto | Nachlass | technische Details geklärt? | Summe Angebot 2 | erhalten am: | Firma beauftragt am: | etc... |
| **Rohbauer** | | | | | | | | | | |
| Firma 1 | | | | | | | | | | |
| Firma 2 | | | | | | | | | | |
| Firma 3 | | | | | | | | | | |
| **Estrichfirma** | | | | | | | | | | |
| Firma 1 | | | | | | | | | | |
| Firma 2 | | | | | | | | | | |
| Firma 3 | | | | | | | | | | |
| **Elektriker** | | | | | | | | | | |
| Firma 1 | | | | | | | | | | |
| Firma 2 | | | | | | | | | | |
| Firma 3 | | | | | | | | | | |
| **Gewerk n** | | | | | | | | | | |
| Firma 1 | | | | | | | | | | |
| Firma 2 | | | | | | | | | | |
| Firma 3 | | | | | | | | | | |

# Angebote monetär verhandelt?

Auch wenn es unangenehm, nervig und anstrengend ist, sollten Sie folgenden Schritt unbedingt noch erledigen, denn nun gilt es, jede der Firmen anzurufen und ihnen mittzuteilen, dass Sie prinzipiell an einer Zusammenarbeit interessiert sind, jedoch der Preis noch nicht ganz zufriedenstellend ist. Fragen Sie wieviel die Baufirma am Preis noch machen kann, da Sie noch weiter Angebote vorliegen haben, die um z.B. 5% günstiger sind und ob die Baufirma bei diesem Preis mitgehen möchte.

Fragen Sie nach:

- **einem Nachlass**
- **dem Skonto**
- **dem Zahlungsplan und**
- **dem Zahlungsziel**

## Nachlass

Der Nachlass ist quasi ein Rabatt von z.B. 4% oder auch einer Pauschalsumme von ein paar tausend Euro.

## Skonto

Skonto bedeutet: Zahlen Sie innerhalb von z.B. 7 Tagen nach Rechnungsstellung, dürfen Sie beispielsweise <u>nochmals</u> 3% von der Rechnung herunterstreichen.

## Zahlungsplan

Der Zahlungsplan ist eine Auflistung der Summen, die Sie nach Fertigstellung der einzelnen Baufortschritte zu zahlen haben. Dieser ist von elementarer Wichtigkeit und kann unterschiedlich gestaltet werden, weshalb Sie darauf achten sollten, dass die Summen in relativ gleichmäßigen Prozentsätzen verteilt sind. Sollte eine Baufirma anhand des Zahlungsplans, z. B. ‚nach Baubeginn' bereits 30% verlangen, ist hier Vorsicht geboten.

## Zahlungsziel

Das Zahlungsziel kann z.B. lauten: 30 Tage rein netto ohne Abzug. Was übersetzt bedeutet, dass weder Nachlass, noch Skonto gewährt wurde und hat nichts mit der Mehrwertsteuer zu tun!

**Klären Sie all diese Punkte und Sie werden sich eine Menge Geld sparen!**

Ich lernte eine Bauherrin kennen, die mir ganz stolz berichtete, dass Sie 6 von 35 Positionen verhandelt hatte und sie die Positionen runtergehandelt bzw. komplett umsonst bekommen hatte. Nachdem ich sie fragte, wie viele Euro sie sich dadurch sparte und sie ,150,-- €' antwortete, konnte ich mir ein Lachen nicht mehr verkneifen.

Sie hatte bei einer Gesamtsumme von 380.000,-- €, lediglich 150,-- € runtergehandelt.

Fangen Sie bei Ihren Verhandlungen lieber mit den großen Summen an, bleiben beharrlich in Ihrem Tun und lassen sich nicht mit kleinen ,Geschenken', wie einem kostenlosen Wasserhahn, abspeisen. Pokern Sie ein bisschen. Aber nur ein bisschen, denn wenn Sie es übertreiben, kann der Schuss auch nach hinten losgehen und am Ende haben Sie gar keine Baufirma mehr, die bereit ist, mit Ihnen zu bauen.

## Vertrag unterschrieben?

Nach der Vertragsunterzeichnung gilt der Grundsatz ‚**pacta sunt servanda**‘, was so viel bedeutet wie ‚Verträge müssen eingehalten werden‘. Deshalb prüfen Sie nochmals gut, was nun in der letzten Version des Angebotes der Baufirma geschrieben steht, denn auch Sie müssen sich an die Vertragsvereinbarung halten und am Ende das Werk abnehmen und die Vergütung entrichten.

Sofern Sie alle o. g. Schritte eingehalten haben, sollte nun technisch und monetär alles vereinbart sein. Wenn Sie nun noch die folgenden Punkte in den Vertrag einfließen lassen, haben Sie soweit schon mal sehr viel richtig gemacht.

- **Separate Rohbauabnahme (inkl. Bauherrn)**
- **Übergabe der Revisionsunterlagen bei Abnahme**
- **Ausführung nach den ‚Anerkannten Regeln der Technik‘**
- **Hochwertige Ausführungsqualität**
- **Stundenlohn für Regiearbeiten -,-- €**
- **Nachträge sind vorher schriftlich anzukündigen und nur gegen Unterschrift des Bauherrn auszuführen**
- **Nachträge werden mit der Schlussrechnung der ‚Abnahme Rohbau‘ / ‚Endabnahme‘ gestellt**
- **Vertragserfüllungsbürgschaft**
- **Gewährleistungsbürgschaft**

Je mehr Sie von den o. g. Punkten in den Vertrag einfließen lassen, desto besser ist es am Ende für Sie. Falls Sie es jedoch mit einem hartnäckigen Vertragspartner zu tun haben sollten, bestehen Sie zumindest darauf, dass nach den ‚Anerkannten Regeln der Technik‘ und in ‚Höchster Ausführungsqualität‘ gebaut wird. Mit diesen zwei Sätzen können Sie, bei Diskussionen während der Bauphase immer argumentieren!

Sofern Sie alles besprochen, verglichen und verhandelt haben und ein gutes Gefühl bei der Wahl der Baufirma haben, können Sie den Vertrag unterschreiben.

Es ist überaus wichtig, dass Sie ein gutes Gefühl dabei haben, denn ansonsten denken Sie, nachdem Sie den Vertag versandt haben, Dinge wie:

- **Oh mein Gott, was habe ich da unterschrieben?**
- **Ist das die richtige Baufirma?**
- **Ziehen die mich über den Tisch?**
- **Wird der Einzugstermin gehalten?**
- **Werde ich mit dieser Baufirma vor Gericht gehen müssen, so wie die Nachbarn in der Neubausiedlung?**

Deshalb klären Sie alles <u>vor</u> der Vertragsunterzeichnung und lassen Sie sich nicht unter Druck von Nachbarn, Ihrer Familie oder einer Baufirma zu einer Unterschrift hinreißen, die Sie eigentlich gar nicht leisten wollen.

# Bauphase

---

*„Das Tragische an jeder Erfahrung ist,*
*dass man sie erst macht, nachdem man sie gebraucht hätte. "*
Friedrich Nietzsche (1844-1900)

Dies ist natürlich die aufregendste Phase für Sie als Bauherr, denn jetzt geht es endlich los. Dies gilt sowohl im positiven Sinne, denn Sie sehen wie Ihr Eigenheim, Ihre Immobile, Ihr Projekt erschaffen wird und wie die Materialien, die Sie ausgesucht haben, wirken. Als auch im negativen Sinne, denn jetzt gilt es, die Theorie in die Praxis umzusetzen, und am besten so, wie Sie es sich vorgestellt, geplant, bemustert und in den Verträgen vereinbart haben. Bei den meisten Firmen gilt der Grundsatz ‚wer schreibt, der bleibt', was auch zu Ihrem Grundsatz werden sollte, denn an das, was mündlich vereinbart wurde, kann oder will sich später keiner mehr erinnern, wenn es ans Eingemachte geht.

Wenn etwas in der Bauphase anders läuft als geplant, werden <u>Sie</u> beispielsweise sagen:

a. „Ja, aber wir haben das doch ausgemacht."
b. „Das finde ich aber nicht fair."
c. „Laut Internetrecherchen ist das aber falsch, was Sie da gemacht haben."
d. „Im Internet kann ich diese Materialien aber billiger bestellen."
e. etc.

Die Argumente der Baufirmen sind dann oft:

a. „Wo im Vertrag steht denn das?"
b. „Vertrag ist Vertrag!"
c. „Wir haben das schon immer so gemacht. 30 zufrieden Kunden können das bestätigen!"
d. „Wir bestellen aber nicht im Internet. Unsere Materialien sind hochwertig!"
e. etc.

Sie haben meistens das nachsehen, da Sie in der Regel weniger Argumente als die Baufirmen haben.

## Tipp aus der Praxis:

Bei einem Bauvorhaben, bei dem ich hinzugerufen wurde, bestand der ganze Rohbauvertrag aus nur drei Seiten, wovon eine Seite das Deckblatt und die letzte Seite der Zahlungsplan war. Somit wurde der komplette Rohbau eines 240m²- Hauses, auf einem einzigen DIN-A4-Blatt beschrieben. Eine zusätzliche Baubeschreibung (BBS) existierte nicht, nur ein paar rudimentär gezeichnete Pläne.

Bei jedem diskussionswürdigem Detail verwies die Baufirma mit den Worten ‚Wo steht denn das?' auf den mageren Vertrag. Vertraglich gesehen hatte die Baufirma recht, denn von einer ‚kapillarbrechenden Schicht' beispielsweise stand tatsächlich nichts im Vertrag. In Deutschland ist jedoch fast alles in der DIN geregelt, an die sich jede ausführende Firma zu halten hat. Allerdings argumentieren manche Baufirmen dann, dass dies eine Richtlinie und kein Gesetz sei, weshalb sie sich nicht daran zu halten haben. Wenn Sie allerdings in der Angebotsphase darauf bestanden haben, dass die Sätze:

- Ausführung nach den <u>anerkannten Regeln der Technik</u>
  (u. a. die DIN)
- Ausführung in <u>hochwertiger Qualität</u>

eingefügt wurden, haben Sie zwei übergeordnete und schlagkräftige Argumente, die Sie immer anbringen können.

Bei o. g. Bauvorhaben ging so ziemlich alles schief, was nur schiefgehen konnte, da im Vorfeld viele Fehler aus mangelnder Erfahrung, seitens der Bauherren, gemacht wurden.

Fehlt Ihnen Erfahrung, dann besorgen Sie sich diese durch Bücher oder indem Sie einen Fachmann beauftragen, der Sie durch die jeweiligen Phasen begleitet.

Ein Bauvorhaben ist, anders als ein Auto am Fließband zu erstellen, ein individuelles Projekt, für das es kein Pauschalrezept gibt. Also seien Sie wissbegierig, hinterfragen Sie alles, seien Sie über alles informiert und organisieren Sie, damit Sie stets wissen *wer, was, bis wann und mit wem* macht.

# Baubeginnsanzeige gestellt?

Sobald Sie den Bauvertrag unterzeichnet haben und der Termin des Baubeginns feststeht, sollten Sie die sogenannte ‚Baubeginnsanzeige' stellen. Spätestens jedoch eine Woche vor Baubeginn (je nach Bundesland) sollte die Baubeginnsanzeige bei Ihrem Ansprechpartner des Bauaufsichtsamtes liegen.

Die Baubeginnsanzeige haben Sie vielleicht schon mit dem Formular des Bauantrages zugeschickt bekommen, weshalb Sie dieses Formular schnell in Ihrer, zuvor angelegten, Ordnerstruktur finden werden. Ansonsten klicken Sie einfach auf die Homepage Ihres zuständigen Bauaufsichtsamtes und drucken das Formular aus.

Auf diesem Formular sind u. a. Punkte auszufüllen wie:

- **Name und Anschrift des Bauherrn:**
- **Architekturbüro:**
- **Statikbüro:**
- **Baugrundstück / Flurnummer:**
- **Vorhaben:**
- **Baubeginn am:**
- **Unterschrift:**

Auch hier sollten Sie mit einem Griff zu den physischen Ordnern, oder mit ein paar Klicks an Ihrem Computer, die Daten, wie oben aufgelistet, wiederfinden. Halten Sie von Anfang an akribisch Ordnung, so verlieren Sie später keine Zeit mit Suchen von so einfachen Dingen, wie die Anschrift Ihres Architekten oder die Flurnummer Ihres Grundstücks. Wenn allerdings Chaos in diesem, für Sie wichtigen, Projekt herrscht, kann es passieren, dass Sie die Geduld beim Suchen der Daten verlieren und das Formular nicht weiterbearbeiten. Dies kann im schlimmsten Fall zum Baustopp führen!

Nachdem Sie dieses Formular nun unterschrieben haben, scannen Sie es wie immer ein und legen Sie es in Ihrem, zuvor angelegten, System, ab.

Anschließend versenden Sie es per Mail und/oder per Post an Ihren zuständigen Sachbearbeiter des Bauaufsichtsamtes.

## SiGeKo beauftragt?

Sofern die folgenden, in der Tabelle aufgelisteten, Gegebenheiten vorliegen, müssen untenstehende Punkte beachtet/ausgeführt werden. Falls es sich bei Ihrer Baumaßnahme um eine kleine, wie ein Einfamilienhaus, handelt, benötigen Sie i. d. R. keinen Sicherheits- und Gesundheitsschutzkoordinator und müssen sich lediglich an die allgemeinen Grundsätze nach §4 des ArbSchG halten.

## §4 ArbSchG:

Die Grundsätze besagen im weitesten Sinne, dass die Arbeiten so zu gestalten sind, dass keine Person zu Schaden kommt und dies im Vorfeld, also in der Planungsphase, bereits zu berücksichtigen ist.

## SiGeKo:

Bedeutet Sicherheits- und Gesundheitsschutzkoordinator und muss vom Bauherrn, also Ihnen, bestellt werden.

## Vorankündigung:

Die Vorankündigung der Baumaßnahme hat durch den Bauherrn, also Sie, spätestens zwei Wochen vor Baubeginn, bei der zuständigen Arbeitsschutzbehörde zu erfolgen.

## SiGe-Plan:

Ein Sicherheits- und Gesundheitsschutzplan (SiGe-Plan) enthält:

- Maßnahmen zur gemeinsamen Nutzung sicherheitstechnischer Einrichtungen
- Maßnahmen zum Schutz vor Gefährdungen bei der Zusammenarbeit mehrerer Arbeitgeber
- räumliche und zeitliche Arbeitsabläufe
- gewerkbezogene Gefährdungen

und ist vom SiGeKo zu erstellen.

## Unterlage:
Dieses Dokument ermöglicht nachhaltig ein sicheres und gesundheitsgerechtes Arbeiten an der baulichen Anlage und wird ebenfalls vom SiGeKo erstellt.

## Wenn die Arbeitnehmer zu <u>einem</u> Arbeitgeber gehören

| Umfang und Art der Arbeiten | Berücksichtigung allg. Grundsätze nach §4 ArbSchG bei der Planung erforderlich? | Vorankündigung erforderlich? | SiGeKo erforderlich? | SiGe-Plan erforderlich? | Unterlage (§3 Abs.2 Nr.3) erforderlich? |
|---|---|---|---|---|---|
| kleiner 31 Arbeitstage und 21 Beschäftigte oder 501 Personentage | ja | nein | nein | nein | nein |
| kleiner 31 Arbeitstage und 21 Beschäftigte oder 501 Personentage und gefährliche Arbeiten | ja | nein | nein | nein | nein |
| grösser 30 Arbeitstage und 20 Beschäftigte oder 500 Personentage | ja | ja | nein | nein | nein |
| grösser 30 Arbeitstage und 20 Beschäftigte oder 500 Personentage und gefährliche Arbeiten | ja | ja | nein | nein | nein |

## Wenn die Arbeitnehmer zu <u>mehreren</u> Arbeitgebern gehören

| Umfang und Art der Arbeiten | Berücksichtigung allg. Grundsätze nach §4 ArbSchG bei der Planung erforderlich? | Vorankündigung erforderlich? | SiGeKo erforderlich? | SiGe-Plan erforderlich? | Unterlage (§3 Abs.2 Nr.3) erforderlich? |
|---|---|---|---|---|---|
| kleiner 31 Arbeitstage und 21 Beschäftigte oder 501 Personentage | ja | nein | ja | nein | ja |
| kleiner 31 Arbeitstage und 21 Beschäftigte oder 501 Personentage und gefährliche Arbeiten | ja | nein | ja | ja | ja |
| grösser 30 Arbeitstage und 20 Beschäftigte oder 500 Personentage | ja | ja | ja | ja | ja |
| grösser 30 Arbeitstage und 20 Beschäftigte oder 500 Personentage und gefährliche Arbeiten | ja | ja | ja | ja | ja |

Quelle: Der Sicherheitskoordinator, Constantin Kinas / Hauck Timm, C.F. Müller Verlag

# Erstbegehung durchgeführt?

Die Erstbegehung ist, wie der Name schon vermuten lässt, das erste Treffen aller Beteiligten auf Ihrer Baustelle. Unter Projektmanagern auch Kick-off-Meeting der Stakeholder genannt, aber das nur nebenbei. Hier lernen sich alle Projektbeteiligten kennen, tauschen Nummern aus und es wird festgelegt, wer wen bei Abstimmungsfragen anruft. Weiter wird u.a. besprochen:

- **wo die Baustelleneinrichtung (Container, Kran, Dixi Klo etc. ...) stehen wird**
- **wo das Bauschild stehen wird**
- **wo die Bautafel/Baufreigabeschein/Roter Punkt angebracht wird**
- **ob und wo ein Bauzaun gestellt wird**
- **wo die Werbebanner der Baufirmen angebracht werden dürfen**
- **wo sich die Grenzen zu den Nachbarn befinden**
- **wo der Aushub gelagert wird**
- **ob jeder die gleichen Pläne (Datum) vorliegen hat**
- **ob jeder den gleichen Bauzeitenplan (Datum) vorliegen hat**
- **an welchem Tag der wöchentliche ,Jour fixe' (regelmäßige Besprechung) stattfinden wird etc. ...**

Beteiligen Sie sich so gut Sie können an diesen Gesprächen und zeigen Sie allen Beteiligten, dass Sie die Zügel in der Hand haben, denn Sie sind der Bauherr und niemand sonst.

Zu jedem Baustellentermin sollten Sie im Auto haben:

- **Sicherheitsschuhe**
- **Helm (ab dem Zeitpunkt, ab dem etwas von oben herunterfallen kann)**
- **wetterfeste Kleidung**
- **Meterstab/Zollstock**
- **Klemmbrett**
- **Schreibpapier**

- **Bleistift (Kugelschreiber funktioniert bei Kälte nicht)**
- **Taschenlampe (um in Kanäle und dunkle Ecken zu leuchten)**
- **Wasserwaage**
- **aktuelle Baupläne**
- **aktueller Bauzeitenplan**
- **Protokolle (die ab jetzt geschrieben werden)**
- **Digitalkamera inkl. Ersatz-Akku und SD-Karte mit freiem Speicherplatz**
- **Ihre ausgedruckte Exceltabelle mit den Daten aller Beteiligten**
- **Feuchttücher**
- **Klebeband**
- **Absperrband**
- **Getränke und Snacks (falls es mal wieder länger dauert)**

Legen Sie fest, wer das Protokoll schreibt. Dies ist i. d. R. der Architekt. Achten, nein Bestehen Sie bei jedem besprochenen Punkt darauf, dass er im Protokoll genau so eingetragen wird, wie er besprochen wurde.

Vereinbaren Sie auch, dass alle Beteiligten dieses Protokoll per E-Mail erhalten und die Punkte bis zu den niedergeschriebenen Terminen abgearbeitet werden. Dieses Dokument ist sehr wichtig, denn mit diesem Protokoll können Sie, im Falle von Differenzen, immer argumentieren, dass die Arbeiten so ausgeführt werden sollen, wie Sie es am Tag X besprochen hatten. Haben Sie das Protokoll bei den Folgeterminen nicht dabei, kann es passieren, dass die Baufirma sagt: „Wo steht denn das? Das müssen Sie mir erst einmal beweisen etc. ...", was dann wiederum zu langem Schriftverkehr führt, der nur Zeit frisst.

## Betriebsmedien beantragt?

Um später zeitliche Engpässe zu vermeiden, sollten so früh wie möglich alle Betriebsmedien, bei den jeweiligen Versorgungsunternehmen beantragt werden. Besprechen Sie dies vor Ort, bei der Erstbegehung oder bei einem der nachfolgenden Jour fixe Termine, sodass geklärt ist, wer sich um die Beantragung und die Koordination zwischen den Beteiligten kümmert. Denn oft habe ich erlebt, dass jeder der Beteiligten denkt, dass diese Aufgabe von einem anderen erledigt wird und letztendlich wurden die Leitungen nicht rechtzeitig verlegt, sodass erneut ein Graben ausgehoben werden musste. Solche Dinge kosten Zeit und Geld und können bereits im Vorfeld leicht vermieden werden.

Deshalb beantragen Sie die Betriebsmedien so früh wie möglich und äußern Sie bei den Versorgungsunternehmen einen Wunschtermin, den Sie wiederum ins Protokoll schreiben und regelmäßig bei den Jour fixe-Terminen kommunizieren, damit diese so wichtige Maßnahme nicht vergessen wird. Als grober zeitlicher Richtwert wird in der Praxis die Position ‚Dach dicht' des Bauzeitenplans herangezogen.

Also einfach gesagt, ab dem Zeitpunkt, ab dem das Dach drauf ist, können die Versorgungsunternehmen anrücken und die Betriebsmedien wie:

- **Gas**
- **Wasser**
- **Strom**
- **Telekom**
- **Fernwärme**

verlegen.

# Qualitätssicherung durchgeführt?

Dieses hier ist das aufwendigste und längste Kapitel, welches alleine schon mehrere Bücher mit Details und technischen Zeichnungen verschlingen könnte. Um Sie nicht mit Informationen zu erschlagen, fasse ich mich so kurz wie möglich, verzichte auf technische Einzelheiten und gebe Denkanstöße, die Ihnen weiterhelfen werden.

Der von Ihnen beauftragte Architekt, hat neben den vertraglich vereinbarten Leistungen auch die Leistung als **Sachwalter** zu erbringen. Diese bestehen u.a. aus:

- Wahrnehmung der Interessen des Bauherrn
- Beratungspflicht
- Aufklärungspflicht
- Hinweispflicht
- Prüfpflicht
- Kostenkontrolle
- Aufklärung über Ursachen von Baumängeln

*„Sie müssen kein Fachwissen besitzen, um ein guter Bauherr zu sein!"*
Christoph Polder (*1981)

Scheuen Sie sich nicht davor, auf die Baustelle zu gehen und Fragen zu stellen. Seien Sie nah am Geschehen, seien Sie das Überwachungsorgan, seien Sie Herr der Lage! Trauen Sie sich das überhaupt nicht zu, dann beauftragen Sie einen Bausachverständigen. Die Hauptsache ist, dass eine baubegleitende Kontrolle stattfindet, sodass nicht erst bei der Abnahme das böse Erwachen kommt. Denn schließlich wollen Sie ja am Ende ein qualitativ hochwertiges Produkt erhalten.

Die Qualitätssicherung findet wöchentlich bei den bereits erwähnten Jour-fixe-Terminen (fester Tag in der Woche) statt, an denen Sie, der Architekt und der Bauleiter bzw. ein Ansprechpartner der jeweiligen Baufirma/-Baubüro anwesend sein werden. Legen Sie einen bestimmten Tag und eine bestimmte Uhrzeit fest, sodass Routine reinkommt und dieser regelmäßig stattfindende Termin nicht vergessen wird.

Diese Jour-fixe-Termine sind äußerst wichtig, da die Theorie nun in die Praxis umgesetzt wird und nicht jedes kleinste Detail vorab geplant werden kann. Vor Ort gilt es für Sie also, Entscheidungen zu treffen, Kompromisse bei gleichbleibender Qualität einzugehen und Mehrkosten zu vermeiden! Denken Sie daran, stets alle <u>unterschriebenen</u> Verträge (Kopien), Baupläne, den Bauzeitenplan und das im Kapitel *Erstbegehung durchgeführt?* erwähnte Equipment wie Klemmbrett, Bleistift etc. … mitzunehmen.

## Detailvorschläge

Es kann sein, dass Ihnen eine Baufirma vorschlägt, ein Detail anders auszuführen, oder andere Materialien zu verwenden, da das hochwertiger, besser, nachhaltiger, bereits vermurkst oder sonst was ist.

Mit Sätzen wie:

- „Jetzt ist das Kind schon in den Brunnen gefallen" oder
- „Da können wir jetzt auch nichts mehr machen"

argumentieren die Baufirmen, dass nun dieses oder jenes anders gemacht werden muss.

Sagen Sie nicht einfach ‚ok', denn mit einem ‚ok' oder einem ‚ja' schließen Sie gerade einen mündlichen Vertrag ab, ohne zu wissen was auf Sie zukommen wird.

Denken Sie an das magische Dreieck und fragen Sie einfach nach:

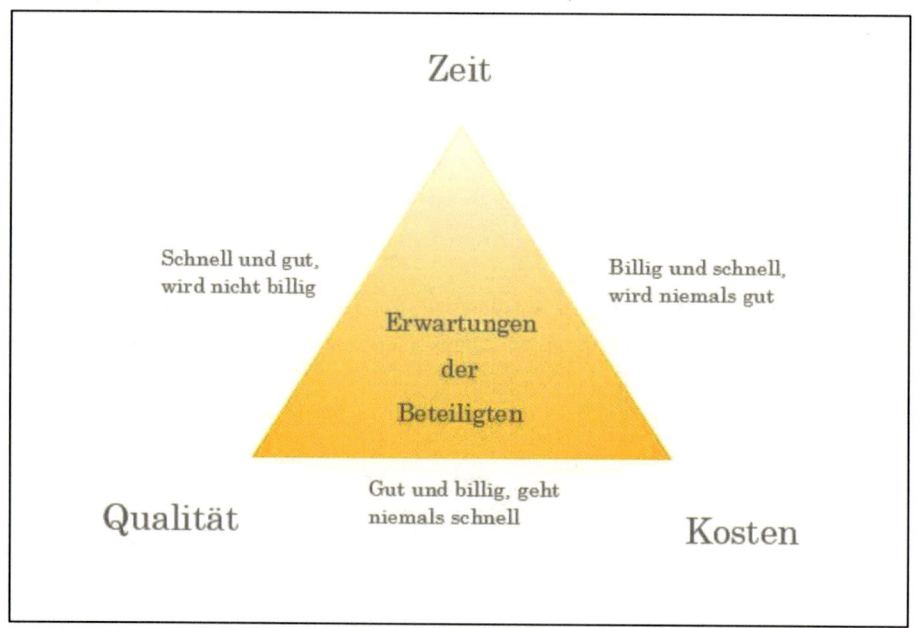

Ob die **Qualität** des Detailvorschlages gleich oder besser ist und die Arbeiten nach den anerkannten Regeln der Technik ausgeführt werden.

Ob sich dadurch die **Kosten** verändern (neutral fragen). Wenn Sie fragen, ob die Änderung teurer wird und die Baufirma ‚nein‘ sagt, freuen Sie sich erst mal. Wenn es dann für die Baufirma jedoch billiger wird und Sie davon nichts erfahren, hat wer gewonnen?

Ob sich dadurch die Ausführungsdauer (**Zeit**) verändert? Denn Sie wollen den Terminplan einhalten, da nach dem Estrichleger der Fliesenleger wartet. Und nach dem Parkettverlegen warten schon der Raumausstatter. Das interessiert z. B. den Rohbauer, der durch Ihr ‚ok‘ nun drei Wochen länger braucht, herzlich wenig.

Stellen Sie bei jedem Vorschlag seitens der Baufirma einfach nur diese drei Fragen, dann mach Sie schon mal sehr, sehr, sehr viel richtig. Und dazu müssen Sie nicht mal was von der Materie verstehen.

## Nachträge

Etwas anders verhält es sich mit Nachträgen.

Wenn die Baufirma bereits mit einem Angebot bei der wöchentlichen Besprechung auftaucht und Ihnen mitteilt, dass dies und jenes unvorhersehbar war und die Baufirma dies nicht einkalkuliert hat, weil es ja unvorhersehbar war, dann handelt es sich um einen Nachtrag.

Hier sollten Sie auf keinen Fall einfach kopfnickend unterschreiben, denn ein Nachtrag ist eine nach dem Vertragsrecht ‚nachträgliche Änderung des Vertrages‘.

Besprechen Sie solche Nachtragsangebote zuerst mit Ihrem Architekten, dem Sie vertrauen, und im Fall, dass er Ihnen nicht weiterhelfen kann, wenden Sie sich an einen Bausachverständigen.

Wenn Sie zu Beginn der Baumaßnahme einen Nachtrag von 300,-- € bekommen, ist das erstmal nicht so viel. Wenn Sie diesen Nachtrag jedoch ohne Diskussion unterschreiben, weiß die Baufirma, dass Sie auch weitere Nachträge unterschreiben werden und wird öfter mit Angeboten um die Ecke kommen. Dieses Vorgehen ist normal und gehört zum Geschäft, was jedoch nicht bedeutet, dass Sie eine goldene Gans sind, die sich ausnehmen lassen muss.

Man nennt dies ‚Claim Management/Nachforderungsmanagement' oder auch ‚Nachtragsmanagement' und wird von den Mitarbeitern der Baufirmen verlangt. Schließlich will die Baufirma so viel Gewinn wie möglich machen, was auch legitim ist.

Sie hingegen wollen i. d. R. so günstig wie möglich bauen, also sollten Sie nicht alles blind unterschreiben, sondern erst mal mit dem unterschriebenen Vertrag wedeln und belegen, dass diese und jene Arbeiten bereits darin enthalten sind.

Nachträge sollten Sie auf keinen Fall sofort bezahlen, denn damit geben Sie ein weiteres Druckmittel aus der Hand.

Da es sich meist um kleinere Summen handelt, werden diese i. d. R. gesammelt und übersichtlich mit der Schlussrechnung an Sie übergeben.

Damit Sie nicht bei Einsicht der Schlussrechnung einen Schock bekommen, wieviel sich da angesammelt hat, schreiben Sie sich eine weitere Exceltabelle, in der Sie auflisten:

| **Nachtrag Nr. 1** | **zusätzlicher Verpressschlauch** | **300,-- €** |
| **Nachtrag Nr. 2** | **zusätzlicher Aushub** | **2.850,-- €** |
| **Nachtrag Nr. 3** | **zusätzliches Fenster** | **460,-- €** |
| **Nachtrag Nr. 4** | **usw …** | **xxx,-- €** |

---

| **Summe:** | | **10.423.-- €** |

Auch Nachträge können, je nach Geschick, verhandelt werden!
Die o. g. Summe würde ich als Bauherr auf 9.000,-- € runden.

Jedes Unternehmen hat eine Marge auf den einzelnen Rechnungen und somit auch Verhandlungsspielraum. Wollen Sie die Unternehmen reich machen oder sich ein paar tausend Euro sparen?

## Terminkontrolle

Wie oben mehrfach erwähnt, sollten Sie stets den Bauzeitenplan, den Ihnen die Baufirma ausgehändigt hat, bei jedem Termin dabeihaben. So können Sie jedes einzelne Gewerk auf Ihren Baufortschritt hin prüfen.

Auch wenn Sie nicht alles überblicken und Sie nur die Hälfte von dem, was die Fachleute vor Ort besprechen, verstehen, wird es dennoch Wirkung zeigen, wenn Sie sich bei jedem Termin nach dem Baufortschritt erkundigen und auf den Bauzeitenplan verweisen. So können Sie dann z.B. argumentieren, dass der Aushub der Baugrube bereits eine Woche Verspätung hat und diese wieder aufgeholt werden muss, damit der Abnahmetermin eingehalten wird.

Machen Sie das nicht, kann es sein, dass die Baufirma nur dann bei Ihnen baut, wann <u>sie</u> will und mehrwöchige Pausen einlegt, da der Bauherr einer anderen Baustelle ‚strenger‘ ist als Sie und er lieber dessen Baustelle vorantreibt, um keinen Ärger zu bekommen.

Ein Bauvorhaben, zu dem ich hinzugezogen wurde, als *das Kind schon in den Brunnen gefallen war*, sollte ursprünglich nach sechs Monaten bezugsfertig sein. Zwei Silvesterabende später war die Familie immer noch nicht eingezogen, die Baugrube nicht verfüllt und stand voll mit Wasser.

Deshalb zeigen Sie von Anfang an, dass <u>Sie</u> als Bauherr in der Lage sind, sich durchzusetzen und bestehen Sie darauf, dass die Termine eingehalten werden!

Wovon haben Sie mehr …

… wenn die Baufirma, die Sie später nie wiedersehen werden, Sie total gut leiden kann, oder wenn die Leistungen dann erbracht sind, wie es für <u>Ihr</u> Bauvorhaben richtig ist?

## Kostenkontrolle

Mit dem Bauvertrag haben Sie den Zahlungsplan unterschrieben, in dem z. B. steht, dass die erste Abschlagsrechnung nach Erledigung von Pos. 2.0. erfolgen wird.

Die Pos. 2.0. ‚*Fertigstellung Bodenplatte*' beinhaltet aber nicht nur die Fertigstellung der Bodenplatte auf dem Keller (sofern vorhanden), sondern auch die Positionen 2.1., 2.2., 2.3 etc., in denen z. B. Kellerabdichtung, Verlegen der Drainage und Verfüllen der Baugrube enthalten sind. Dass die Bodenplatte betoniert wurde, bedeutet noch lange nicht, dass die Abschlagsrechnung gerechtfertigt und von Ihnen zu 100% zu bezahlen ist!

Die Baufirma <u>wird</u> Ihnen die Abschlagsrechnungen schicken. Jetzt ist es an Ihnen, zu kontrollieren, ob die Leistungen auch erbracht wurden.

Prüfen Sie dies nicht und der Baufortschritt ist noch nicht erreicht, Sie zahlen aber den vollen Betrag, dann haben Sie <u>überzahlt</u>! Das ist sowohl monetär als auch taktisch gesehen ein grober Fehler, denn damit geben Sie Ihr Druckmittel aus der Hand.

Ich habe Bauherren erlebt, die von der Baufirma vor Ort angebrüllt wurden, weil Sie es wagten, zu sagen, dass der Baufortschritt noch nicht zu 100% erreicht war und sie deshalb nicht bereit waren die gesamte Abschlagsrechnung zu bezahlen. Die Bauherren knickten, nachdem Sie von der Baufirma angebrüllt wurden, sofort ein und zahlten, gegen meinen Rat. Bei der nächsten Abschlagszahlung argumentierte die Baufirma dann, dass der zweite Bauabschnitt zu 100% fertig sei und der erste Bauabschnitt nichts damit zu tun hätte. Der Bauherr zahlte wieder und wieder, bis die Baufirma verschwunden war.

Die Leistung aus der ersten Abschlagsrechnung, die überzahlt war, hat die Baufirma nie nachgeholt. Nie!

### *Denkanstoß*

Wenn Sie ein Auto kaufen, bezahlen Sie dann auch den Service, der in einem Jahr fällig ist, die Winterreifen, die Sie noch gar nicht haben, oder den TÜV, der in zwei Jahren ansteht?

Sie zahlen nur das, was Sie auch bekommen. Warum sollte das bei Ihrem Bauvorhaben anders sein?

## Dokumentation

Zur baubegleitenden Dokumentation gehören mindestens regelmäßig erstellte Protokolle sowie Fotos.

## Protokolle

Sofern der Architekt die Protokolle schreibt, ist das schon mal gut. Sie sollten allerdings regelmäßig nachhalten, dass jeder dieses Protokoll bekommen hat und dieses bei den Folgeterminen parat sind. Denn hier stehen die Details, die vor Ort besprochen werden, drin.

Falls Sie die Protokolle nicht bekommen oder etwas darin fehlen sollte, dürfen und sollten Sie mit einem Klemmbrett und einem Stift bewaffnet, mitschreiben und sich alles notieren.

Zuhause scannen Sie das Protokoll mit Datum und Ihrer Unterschrift ein, legen es in Ihrem System ab und senden es an alle Beteiligten.

## Fotos

Ich präferiere Fotos mit einer Kamera anstatt mit dem Smartphone aufzunehmen, denn wenn Sie Bilder mit dem Smartphone aufnehmen, vermischen sich private Bilder, Baustellenbilder und die Bilder aus den WhatsApp-Chats, weshalb Sie durcheinanderkommen werden.

Wenn Sie mi der Kamera ausschließlich Baustellenfotos schießen, können sie die SD-Karte wöchentlich, nach jedem Jour-fixe-Termin herausnehmen, in den Laptop einstecken, alle Bilder markieren, ausschneiden (nicht kopieren) und in einen extra Ordner, der mit Datum benannt ist, ablegen.

So haben Sie, auch nach Jahren noch, eine Bilddokumentation, um ggf. Pfusch nachzuweisen, oder verlorengeglaubte Kabel und Leitungen, die vergraben oder verputzt wurden, wiederzufinden. Deshalb scheuen Sie sich nicht davor, viele Fotos zu schießen.

### *Denkanstoß*

Falls Sie irgendwann das Haus verkaufen wollen, ist es dann clever, viele Bilder als Verkaufsargumente zu haben oder nicht?

## Bemusterung

Bei einer Bemusterung wird die Baufirma Muster der verschiedenen Materialien mitbringen, anhand derer Sie sich dann zu entscheiden haben, welche

- **Fliesen**
- **Tapeten**
- **Lampen**
- **Steckdosen**
- **etc.**

in Ihrem Eigenheim verbaut werden sollen.

Hier wird, meist auf der Rückseite der Muster, Ihre Unterschrift verlangt, sodass eindeutig feststeht, dass Sie sich auf diese Wandfarbe, dieses Parkett und diese Pflastersteine geeinigt haben.

Dies sollten Sie kurz mit der Kamera abfotografieren und zu Hause mit Datum, in Ihrem System, ablegen um bei eventuellen Missverständnissen beweisen zu können, dass Sie den Eicheparkett bemustert haben und nicht das billige Ahornlaminat.

### *Denkanstoß*

Wenn Sie bei der Abnahme feststellen, dass alle Wände in Weiß, statt in der von Ihnen gewünschten Farbe, gestrichen wurden ...
... wäre dann Vertrauen oder Kontrolle besser gewesen?

## Praktische Tipps!

- Richten Sie einen abschließbaren Raum (Bautür) schon während der Rohbaumaßnahme ein, sodass Sie Materialien bzw. Werkzeug lagern können und somit Diebstahl im Vorfeld vermieden wird.
- Richten Sie eine beheizten Raum ein und versorgen die Handwerker zumindest mit Getränken. Sie werden es Ihnen durch noch mehr Engagement danken.
- Sorgen Sie dafür, dass die Zulieferer die Baustoffe und Baumaterialien trocken lagern können und eine freie Zufahrt zum Lagerplatz gewährleistet ist, um Zusatzkosten zu vermeiden.

- Merken Sie sich den Grundsatz ‚**Wasser weg vom Gebäude**‘!

- Sofern noch keine Fallrohre an die Dachrinne angeschlossen sind, veranlassen Sie, dass provisorische Fallrohre aus Folie angebracht werden, um das Wasser vom Mauerwerk fernzuhalten.

- Lassen Sie die Mauerkronen jeden Abend mit Folie o. ä. abdecken, sodass der Regen so wenig Schaden wie möglich verursachen kann.

- Sollte eine Drainage verlegt worden sein, lassen Sie diese von einer dritten Person nochmals prüfen, da eine Drainage das sich am Gebäude anstauende Regenwasser ableiten soll und somit die Funktionalität unbedingt sichergestellt werden sollte.

- Nachdem alle Fenster und Türen nach ‚**RAL-Montageart**‘ verbaut wurden, veranlassen Sie direkt im Anschluss einen sogenannten ‚**Blower-Door-Test**‘ und bestehen Sie, gegenüber der Montagefirma, darauf, dass alle Fenster und Türen nachgearbeitet werden, sofern hier Diskrepanzen entstehen sollten.

- Vereinbaren Sie mit allen Beteiligten einen Termin zur Bewehrungsabnahme und lassen einen unabhängigen Fachmann kommen, der die verlegte Bewehrung überprüft.

- Bevor die Fliesen geklebt werden, lassen Sie überprüfen, ob eine wasserführende Schicht vorhanden ist, denn die Fugen zwischen den Fliesen sind auf Dauer nicht wasserdicht, weshalb darunter eine Dickbeschichtung aufgetragen werden muss.

# Bausachverständigen beauftragt?

Sobald Sie das Gefühl haben sollten, dass gravierende Mängel vorhanden sein könnten, Sie sich aber unsicher sind, ob das, was die Baufirma Ihnen erzählt, der Richtigkeit entspricht, sollten Sie einen Bausachverständigen beauftragen, der ab und an bei den Jour-fixe-Terminen anwesend sein wird. Allein seine Anwesenheit vermittelt den Baufirmen, dass Sie ein ernstzunehmender Bauherr sind, der auf einwandfreie Bauqualität besteht.

Mindestens (!) jedoch sollte ein Bausachverständiger bei der:

- **Rohbauabnahme und**
- **Endabnahme**

mitwirken, denn seine Augen sehen mehr als Ihre und vor allem mehr, als die Augen der Baufirma.

Ich wurde beispielsweise zu einer Endabnahme eines Mehrfamilienhauses eingeladen, um die neun Bauherren zu begleiten.

Die Baufirma setzte für die Abnahme der neun Wohnungen inkl. Außenanlagen, Keller, Tiefgarage, Dach, Waschkeller usw. lediglich **1,5 Stunden** an und wollte schnell zum nächsten Termin.

Da ich als Bausachverständiger dabei war, und rund 80 Mängel entdeckte, dauerte die Abnahme **9,5 Stunden**!

Am Ende des Tages war die Baufirma wütend und hatte noch sehr viele Restarbeiten zu erledigen bzw. Mängel abzuarbeiten.

Die neun Bauherren, denen ich Kosten eingespart und Folgeschäden abgewendet habe, waren jedoch sehr zufrieden mit dem Resultat.

Nun liegt es an Ihnen zu entscheiden, ob SIE zufrieden sein und in einem Haus ohne Mängel leben möchten, oder ob Sie die Baufirma glücklich machen wollen, indem Sie zu allem ‚ja und amen' sagen und ja keine Diskussion anfangen werden.

## Bestellungen rechtzeitig ausgelöst?

Je nachdem, wie Sie den Vertrag mit der Baufirma gestaltet haben, gibt es einzelne Positionen im Vertrag bzw. in der Baubeschreibung, die Sie selbst bestellen müssen.

Klassisches Beispiel hierfür ist die Fertiggarage, die, wie der Name schon vermuten lässt, fertig geliefert wird und weder Mauer noch Dach errichtet werden müssen.

Beispielsweise gießt Ihnen die Baufirma die Fundamente und verlegt die Leerrohre, damit Sie später die Stromkabel zur Garage legen können. Und dann war es das für die Baufirma.

In solch einem Fall sollten Sie nun die Termine mit dem Garagenhersteller, dem Lieferanten und der anwesenden Baufirma koordinieren. Denn der Liefertermin kann, nach dem Auslösen der Bestellung, gerne mal zehn Wochen dauern.

Stellen Sie sich dazu mindestens folgende Fragen und bringen Sie die Antworten in Erfahrung:

- **Wie lange ist die Lieferzeit der Fertiggarage?**
- **Wie lautet das exakte Lieferdatum?**
- **Sollte bei der Lieferung noch der Baukran vor Ort sein?**
- **Hat der Garagenlieferant einen mobilen Kran?**
- **Ist es ratsam, die Garage jetzt zu errichten oder erst, wenn die Baufirma abgerückt ist, um den Weg in den Garten nicht zu verstellen?**
- **Wer kümmert sich um die Elektrik der Fertiggarage, wenn die Baufirma, bei der Lieferung, schon abgerückt sein sollte?**
- **etc.**

Dies sind nur Beispielüberlegungen, die Sie anstellen sollten, wann auch immer Sie eine Bestellung auslösen müssen.

Viel Fragen hilft viel!

# Alle Beteiligten zur Rohbauabnahme eingeladen?

Die Rohbauabnahme ist für Sie Pflicht! Denn <u>Sie</u> nehmen das Gebäude ab und niemand sonst. Ob Sie mit einem Generalunternehmer arbeiten, der Ihnen Ihr Mehrfamilienhaus errichtet oder Sie alle Gewerke einzeln vergeben, ist dabei egal! Bestehen Sie auf jeden Fall auf eine Rohbauabnahme und lassen Sie sich nicht abwimmeln, nur weil einer der Beteiligten Sie nicht dabeihaben möchte. Denn bei der Rohbauabnahme lassen sich die gravierenden Mängel feststellen, die noch nicht verputzt, verspachtelt, mit Erde verschüttet oder mit Farbe überstrichen wurden.

Nach dem die Baustelle ,abnahmereif' ist, kann die Einladung vor Ort, bei einem Jour-fixe-Termin stattfinden, sollte aber auf jeden Fall im Protokoll festgehalten und per E-Mail an alle Beteiligten versendet werden. Hierzu gehören, je nach Bauvorhaben und Konstellation, u. a. folgende Beteiligte:

- **Architekt**
- **Bauleiter**
- **Bausachverständiger**
- **Rohbaufirma**
- **Abdichtungsfirma**
- **Zimmerei**
- **Spenglerei**
- **Rohrreinigungsfirma (Kamerabefahrung) und**
- **Der Bauherr, also <u>Sie</u>!**

Sofern Sie es sich nicht zutrauen, eine Abnahme durchzuführen, beauftragen Sie einen Bausachverständigen, der Sie dabei unterstützt. Denn die Abnahme ist formaljuristisch ein wichtiges, wenn nicht <u>das</u> wichtigste Ereignis beim Bau eines Eigenheims, denn hiermit sind u. a. folgende Rechtsfolgen verbunden:

- **Fälligkeit der Vergütung**
- **Beginn der Gewährleistung**
- **Beweislastumkehr**
- **Gefahrenübergang etc.**

Zudem sollten Sie, sofern die Rohbaufirma dies nicht beauftragt, eine Firma einladen, die Ihnen die Leitungen mit einer Kamerabefahrung prüft, denn, wie sonst wollen Sie bei der Abnahme kontrollieren, ob die Leitungen in die richtige Richtung verlaufen und dicht sind?

# Alle Beteiligten zur Endabnahme eingeladen?

Ja richtig, es gibt i. d. R. mehrere Abnahmen. Sollte weder eine Rohbauabnahme noch eine baubegleitende Qualitätssicherung, wie ich es leider schon oft erlebt habe, nicht stattgefunden haben, erkennen Sie nun keine Risse mehr im Beton, keine Fehler beim Anschluss sämtlicher Fenster und Türen zum Mauerwerk, oder ob eine kapillarbrechende Schicht im Mauerwerk verbaut wurde. Sie können nur das abnehmen, was Sie sehen. Und das sind meist nur noch optische Mängel, die später keinen Schimmel, keine Setzungen, keine Wasserschäden oder Risse verursachen werden. Ansonsten gilt das Gleiche wie im Kapitel zuvor *„Alle Beteiligten zur Rohbauabnahme eingeladen?"*

Laden Sie wieder alle Beteiligten ein, die Ihr Gewerk abgenommen haben möchten wie z.B.:

- **Elektriker**
- **Schreiner**
- **Spengler**
- **Maler**
- **Schornsteinfeger**
- **Heizungsbauer**

Zusätzlich anwesend sein sollten, wie bereits bekannt und je nach Konstellation:

- **Architekten**
- **Bauleiter**
- **Bausachverständiger** und
- **Sie als Bauherr**
- **Behörde** (je nach Bundesland)

Legen Sie den Abnahmetermin rechtzeitig mit allen Beteiligten fest und kommunizieren Sie diesen Termin regelmäßig bei den Jour-fixe-Terminen und per E-Mail. Auch wenn Sie Gefahr laufen, als ‚Nervensäge' zu gelten, erwähnen Sie die Abnahmetermine immer und immer wieder, denn so kann keine Firma sagen, dass sie von dem Termin nichts wusste und noch zwei Wochen länger braucht.

# Abnahmephase

„Des isch a guader Bauherr, der Depp underschraibt mr alls!"
(Zitat eines Handwerksmeisters)

Auf Hochdeutsch bedeutet das so viel wie: „Das ist ein guter Bauherr, denn dieser nette Mann ist so gütig, mir jeden Nachtrag zu unterschreiben und alles abzunehmen, was ich verbockt habe."

Eine Abnahme ist ein Schauspiel, bei dem die Baufirmen hoffen, dass Sie so viele Mängel wie möglich übersehen und die Mängel, die Sie entdecken, doch abnehmen. Dazu bedient man sich oft Verkaufstricks wie:

- Dem Erzählen von Witzen
- Unter Zeitdruck von einem Raum zum anderen hetzen
- Flirten
- Viel zu viel reden
- Den Bauherren unter Druck setzen
- Charme
- Herumbrüllen
- Den Bauherrn pampern (betüddeln)
- Mit Abnahmestopp drohen
- etc.

Lassen Sie sich weder unter Druck setzen, noch einlullen, sondern behalten Sie das Zepter stets in der Hand und bestehen Sie darauf, dass jeder noch so kleine Mangel, der Sie stört, auch im Protokoll steht.

Da jedes Bauvorhaben ein individuelles Projekt ist und somit individuelle Mängel auftreten, kann in diesem Kapitel selbstredend nicht auf jeden einzelnen Mangel eingegangen werden. Dazu gibt es bereits einschlägige Literatur, die sehr viele technische Details anhand von Bildern erklärt, Sie damit allerdings nur in den seltensten Fällen auf der Baustelle bei Firmen argumentieren können, da diese mehr Erfahrung haben als Sie.

Hier finden Sie Denkanstöße für jedes Gewerk, sodass nichts vergessen wird und Sie eine Basis haben, um bei den Abnahmen nachhaken zu können.

# Rohbauabnahme durchgeführt?

Die Rohbauabnahme, insbesondere das Abnahmeprotokoll, sind nicht nur enorm wichtig für die Qualität Ihres Bauvorhabens, sondern auch für die Rechtsfolgen. Denn wie im Kapitel *'Alle Beteiligten zur Rohbauabnahme eingeladen?'* erwähnt, hängen hier einige formaljuristische Faktoren dran, die es zu berücksichtigen gilt. Falls Sie mit einem Generalunternehmer (GU) zusammenarbeiten und dieser Sie aus irgendwelchen fadenscheinigen Gründen nicht dabeihaben möchte, bestehen Sie dennoch darauf, dass Sie bei Ihrer Abnahme dabei sein werden. Bestehen Sie auch darauf, dass eine Kamerabefahrung während der Abnahme, im Beisein der Rohbaufirma, stattfindet, alle Leitungen sauber und dicht sind, und dass alle Leitungen im Plan korrekt eingezeichnet sind bzw. nachgetragen werden. Denn haben Sie das Abnahmeprotokoll unterschrieben, fand der sogenannte ,Gefahrenübergang' statt und die Beweislast liegt nun bei Ihnen.

Im Klartext heißt das: Bis zur Abnahme haben Sie alle Druckmittel in Ihrer Hand, vor allem das Geld, welches Sie der Baufirma verpflichtet sind zu zahlen. Unterschreiben Sie das Abnahmeprotokoll und bezahlen die Baufirma, haben Sie kaum noch ein Druckmittel.

Ich war bei vielen Abnahmen anwesend, bei denen die Leitungen einfach komplett falsch angeschlossen waren, das Regenwasser z. B. in den öffentlichen Kanal geleitet wurde oder die Abwasserleitungen aus dem ersten Stock einfach im <u>Garten</u> geendet hatten. Und ja, da war selbst ich noch schockiert! Auch habe ich erlebt, wie Leitungen ein negatives Gefälle hatten und das unter der Bodenplatte! Beim Betätigen der Toilettenspülung lief das Wasser rückwärts aus dem Klo wieder heraus, weshalb die Bodenplatte aufgeschnitten und die neu verlegten Leitungen nochmals verlegt werden mussten. Die Kosten der Reparatur beliefen sich auf einen fünfstelligen Betrag. Das anhängige Gerichtsverfahren und dessen Kosten, gab es noch als Schmankerl oben drauf!

Deshalb prüfen Sie alles, was Sie prüfen können!

## Begehung des Rohbaus:

Rechnen Sie mit einer Rohbauabnahmedauer, je nach Größe des Bauvorhabens und Anzahl der Mängel, von:

- **3-4h bei Einfamilienhäusern**
- **4-8h bei Mehrfamilienhäusern**

Nehmen Sie das Equipment, wie im Kapitel *‚Erstbegehung durchgeführt?‘* aufgelistet mit und vergessen auf keinen Fall die Protokolle und den kopierten Vertrag inkl. Unterschriften parat zu haben, um bei Diskussionen mit den Firmen, Argumente auf Lager zu haben.

Der Rohbau besteht in der Regel und je nach <u>Vereinbarungen</u> im Vertrag aus:

- **Aushub/Erdarbeiten**
- **Leitungen**
- **Bodenplatte**
- **Keller**
- **Wände**
- **Decken**
- **Dach**

Je nach Vertragsvereinbarungen gehören beispielsweise Spenglerarbeiten zum ‚Dach‘ und das Verfüllen des Arbeitsraumes zum ‚Aushub‘ dazu, weshalb es während der <u>Angebotsphase</u> wichtig ist, dies eindeutig zu definieren und nun an der Zeit ist, zu prüfen, ob alles so erledigt wurde, wie vereinbart und ob Sie mit allen Arbeiten zufrieden sind. Wenn nicht, lassen Sie es ins Protokoll eintragen und anschließend beheben. Sagen Sie bei der Abnahme nichts und nicken nur, nehmen Sie dadurch alles automatisch ab und die Firmen freuen sich.

Lassen Sie im Protokoll, zur besseren Übersicht, alle Gewerke einzeln auflisten, alle Mängel nach Gewerken sortieren und prüfen Sie u .a. Punkte wie z.B.:

## Aushub/Erdarbeiten:

- Aushub wieder verbaut? (Minderkosten?)
- Aushub abgefahren? (Mehrkosten?)
- Arbeitsraum mit versickerungsfähigem Material verfüllt? (richtig)
- Arbeitsraum mit nicht versickerungsfähigem Aushub verfüllt? (falsch)
- Geländehöhe akzeptabel, sodass Gartenbauer problemlos sein Gewerk ausführen kann?
- Besteht das gesamte Grundstück aus Lehm, müssen Drainagen verbaut werden

## Leitungen:

- Entwässerungsleitungen nach Plan verlegt?
- Alle vorhanden?
- Gefälle geht in die richtige Richtung?
- Gefälle ca. 2%?
- Leitungen Dicht? (Kamerabefahrung)
- Leitungen sauber? (Kamerabefahrung)
- Drainage vorhanden?
- Drainage nach DIN eingebaut?
- Drainage sauber und funktionsfähig? (Kamerabefahrung)

## Bodenplatte:

- Bodenplatte von unten gedämmt?
- Bodenaufbau aus Kies und Höhe nach Plan?
- Drainage falls vorhanden, auf richtiger Höhe?
- Bodenplatte augenscheinlich eben?
- Keine groben Risse vorhanden?
- Eisen sichtbar? (falsch)

## Keller:

- Abdichtung nach DIN?
- Maße wie im Plan eingezeichnet?
- Räume so aufgeteilt wie geplant?
- Öffnungen für Fenster / Türen <u>alle</u> vorhanden?
- Maße der Öffnungen für Fenster / Türen korrekt?
- Eisen sichtbar? (falsch)
- Betonlunker (Kiesnester in Betonteilen) vorhanden? (falsch)

## Wände:

- Wände senkrecht gemauert? (Wasserwaage hinhalten)
- Wände eben gemauert? (2 m Setzlatte hinhalten)
- Wände zwischen Mauersteinen dicht?
  (Wenn Sie rausschauen können, ist das falsch!)
- Zwischenwände alle vorhanden?
- Maße und Raumaufteilungen wie im Plan?

## Decken

- Aussparungen für Leitungen vorhanden?
- Maße der Aussparungen korrekt?
- Decken augenscheinlich eben?
- Deckenhöhe korrekt?
- Keine groben Risse vorhanden?
- Deckendicke nach Plan korrekt?

## Dach:

- Unterdach dicht?
  (Mind. einen Regenschauer abwarten und prüfen)
- Dacheindeckung dicht?
  (Wenn Sie das Unterdach sehen können, dann ist das falsch)
- Dachbalken nicht beschädigt?
- Dachdämmung korrekt?
- Anschlüsse ordentlich verklebt und dicht?

## Wenn eine Abnahme Mängelfrei ist, stimmt etwas nicht!!!

Bei einem der Bauvorhaben, die ich begleitet habe und während der Jour-fixe-Termine bereits unzählige Mängel beheben ließ, fanden wir dennoch bei der Rohbauabnahme des Einfamilienhauses, 60 teils gravierende Mängel. Ohne Rohbauabnahme wären diese Mängel alle verspachtelt, überstrichen oder zugeschüttet worden!

Nach der Rohbauabnahme wird ein Haken hinter diesen Gewerken gemacht, sind abgenommen und bei der Endabnahme nicht mehr zu bemängeln, weshalb Sie bei der Rohbauabnahme alle Punkte genau prüfen sollten.

Falls das zu viel für Sie sein sollte, laden Sie einen Bausachverständigen zu den Abnahmen ein!

## Abnahmeprotokoll:

Nachdem die Begehung des Rohbaus abgeschlossen wurde, wird nochmals das gesamte Abnahmeprotokoll vor allen Beteiligten vorgelesen, sodass alle nochmals prüfen können, ob auch alles niedergeschrieben wurde. Es gibt Mängel oder ausgeführte Details, die nicht mehr behoben oder geändert werden können und die Sie wohl oder übel akzeptieren müssen, wie z. B., dass der Schlafzimmerboden 1 cm tiefer verlegt wurde, als der Boden im Flur. Dies beispielsweise ist ein Mangel, den Sie entweder akzeptieren oder die Baufirma vor Gericht zerren müssen, denn keine Baufirma wird einfach so einknicken und sagen: „Ok, dann reißen wir halt den ganzen Boden wieder raus und verlegen ihn neu", und das ohne Mehrkosten.

Was Sie aber in solch einem Fall machen sollten, ist eine ‚Kürzung der Schlussrechnungssumme' vornehmen. Einigen Sie sich gleich vor Ort mit der jeweiligen Firma darauf, wie viele tausend Euro Sie wegen diesem und jenem Mangel kürzen werden.

Anschließend geht es um die Zahlung der Schlussrechnung. Die Baufirma möchte natürlich, dass Sie sofort und alles bezahlen, was Sie auf keinen Fall tun dürfen. Sie haben im Abnahmeprotokoll alle Restarbeiten und Mängel aufgelistet, die es jetzt monetär zu bewerten gilt.

Also hinter jeden Mangel schreiben Sie eine Kostennote, die Sie bzw. einer der Fachleute schätzt.

Rechnen Sie alles zusammen und bilden eine Summe:

| | | |
|---|---|---|
| 1. | Eisen in Bodenplatte nacharbeiten: | 300,-- € |
| 2. | Fugen in Mauerwerk zuspachteln: | 600,-- € |
| 3. | Lichtschacht versetzen: | 450,-- € |
| 4. | Arbeitsraum verfüllen: | 1.900,-- € |
| 5. | XXX: | XX,-- € |

**Summe:**                                                                    **10.000,-- €**

Damit die Baufirma nicht einfach sagt: „Ok, behalten Sie das Geld, ich hau ab!", gibt es den sog. Druckfaktor, den Sie draufschlagen dürfen.

- **Nach BGB das Doppelte** und
- **Nach VOB/B, das Dreifache**

D. h. von der Schlussrechnungssumme behalten Sie nach:

- **BGB:** **20.000,-- €** und nach
- **VOB/B:** **30.000,-- €** ein.

Nun geben Sie der Baufirma genügende Zeit (i. d. R. zwei Wochen), um die Mängel bzw. Restarbeiten zu beheben bzw. zu erledigen und schreiben den Termin zur <u>Nachabnahme</u>, wie alles andere Besprochene auch, ins Protokoll.

Sofern alle o. g. Punkt im Abnahmeprotokoll geschrieben stehen und Ihnen die Revisionsunterlagen übergeben wurden, können Sie und alle anderen Beteiligten unterschreiben. Als letzten Schritt, versenden Sie, bzw. der Architekt, das Abnahmeprotokoll, per E-Mail, an alle Beteiligten und bezahlen die Schlussrechnung abzüglich des Einbehaltes.

Durch Ihre Unterschrift lösen Sie u.a. folgende Rechtsfolgen aus:

- **Fälligkeit der Vergütung**
- **Beginn der Gewährleistung**
- **Beweislastumkehr**
- **Gefahrenübergang etc.**

Bedenken Sie dies, bevor Sie unterschreiben, denn nun:

- <u>müssen</u> Sie die Schlussrechnung (abzüglich des Einbehaltes) zahlen.
- beginnt die vereinbarte Gewährleistungsphase
- müssen <u>Sie</u> der Baufirma beweisen, dass etwas falsch gemacht wurde
- ist der Rohbau in <u>Ihrem</u> Besitz und <u>Sie</u> haften für z.B. Beschädigungen oder Diebstahl und nicht mehr die Baufirma.

# Nachabnahme Rohbau durchgeführt?

Bei der Rohbauabnahme wurden durch Sie, den Architekten oder den Bausachverständigen alle Mängel sowie alle besprochenen Punkte in das Abnahmeprotokoll geschrieben, welches alle Beteiligten per E-Mail erhalten haben. Nun am Tag der Nachabnahme gilt es nochmals zu prüfen, ob jeder der Beteiligten seine Punkte abgearbeitet hat.

Hierzu nehmen Sie wieder Ihr Equipment aus Kapitel ‚Erstbegehung durchgeführt', wie auch das Mängelprotokoll (Abnahmeprotokoll) mit, gehen akribisch Punkt für Punkt durch und haken diese im Protokoll ab.

Dieser Termin sollte sich deutlich kürzer gestalten, da Sie nur noch die aufgelisteten, also bereits bekannten Mängel, durchgehen und diese behoben sein sollten.

Sollte dies nicht der Fall sein, folgt eine Nachabnahme der Nachabnahme und anschließend die Nachabnahme der Nachabnahme von der Nachabnahme. Dies wird so lange wiederholt, bis entweder Sie aufgeben und die restlichen Mängel akzeptieren oder tatsächlich alle Mängel und Restarbeiten behoben wurden.

Je nachdem wie monetär gravierend die Mängel sind, können Sie nun, sofern Sie dies vertraglich vereinbart haben, die Fertigstellungsbürgschaft, gegen die Gewährleistungsbürgschaft tauschen. Sollte es sich nur um kleine Mängel gehandelt haben, können Sie die Bürgschaften bereits bei der Abnahme gegeneinander austauschen.

Anschließend erfolgt die erneute Unterschrift aller Beteiligten auf dem Protokoll, auf dem alle Haken hinter den beseitigten Mängeln gemacht wurden.

Die Gewährleistungsfrist beginnt dennoch ab dem Datum der Rohbauabnahme. Denn mit Ihrer Unterschrift haben Sie den Rohbau bereits, vorbehaltlich der Mängel, abgenommen.

Sollten Sie keinerlei Bürgschaften im Vertrag festgelegt haben, gibt es noch die Möglichkeit, dass Sie sich mit den jeweiligen Firmen auf einen

‚Einbehalt' einigen. Fehlt es Ihnen an der Motivation, dies durchzusetzen, dann fragen Sie sich einfach …

… welches Druckmittel haben Sie, während der Gewährleistungsphase, in der Hand, um die Firmen dazu zu bewegen, einen später entdeckten Mangel zu beheben?

## Schlussrechnung Rohbau bezahlt?

Nachdem <u>alle</u> Mängel behoben wurden und Sie die Bürgschaften getauscht, bzw. sich auf einen Einbehalt zur Gewährleistung geeinigt haben, können Sie die restliche Summe (Einbehalt bzgl. der Mängel inkl. Druckfaktor) der Schlussrechnung des Rohbaus bezahlen.

Zu dieser Schlussrechnung gehören auch die Nachträge, die sich angesammelt haben, die Sie in einer Liste eingetragen, mit der Liste der Baufirma verglichen und nachverhandelt haben.

Sollten Sie ein Mehrfamilienhaus, einen Fußballplatz oder eine Industriehalle durch einen Generalunternehmer (GU) bauen lassen, ändert sich an dem Prozedere dennoch nichts.

*Nach der Rohbauabnahme geht es weiter mit der Bauphase und den restlichen Gewerken, wie Putzer, Schreiner, Elektriker etc.*

*Aus Gründen der Struktureinhaltung steht die Rohbauabnahme dennoch in diesem Kapitel.*

# Weitere Versicherungen abgeschlossen?

Die in dem Kapitel *Notwendige Versicherung abgeschlossen?* aufgelisteten Versicherungen sind für die Bauphase relevant. Die hier aufgelisteten Versicherungen sollten Sie abschließen, damit Sie nach dem Einzug, abgesichert sind.

## Wohngebäudeversicherung

- Feuer
- Leitungswasser
- Hagel
- Sturm

Die Vorlage dieser Versicherungspolice, wird regelmäßig vom Darlehnsgeber verlangt.

## Elementarschadenversicherung

- Hochwasserschäden
- Rückstau
- Erdrutsch
- Erdbeben
- Schneedruck
- Lawinen

## Öltankversicherung/ Gewässerschaden-Haftpflichtversicherung

Diese Versicherung ist empfehlenswert, sofern Sie ihr Eigenheim mit Öl heizen möchten. Damit werden Schäden am Grundwasser abgedeckt, die durch den Verlust von Heizöl Ihres Öltanks, verursacht werden können.

## Hausratversicherung

Dies Versicherung dürfte Ihnen bereits bekannt sein, bzw. werden Sie schon abgeschlossen haben. Hier sollten Sie drauf achten, dass Sie die Hausratversicherung aufstocken, da Ihr neues Eigenheim vermutlich größer ausfallen wird, als Ihre bisherige Wohnung.

# Anzeige zur Nutzungsaufnahme gestellt?

Die Anzeige zur Nutzungsaufnahme ist ebenso wie die Baubeginnsanzeige auf der jeweiligen Homepage Ihres Bauaufsichtsamtes herunterzuladen bzw. wurde Ihnen bereits mit der Baugenehmigung per Post zugesandt.

In diesem Dokument sind u. a. folgend Punkte von Ihnen bzw. Ihrem Architekten auszufüllen:

- **Name:**
- **Anschrift:**
- **Telefon:**
- **Architekt:**
- **Bauvorhaben:**
- **Gemarkung:**
- **Flur-Nr.:**
- **Tag der Nutzungsaufnahme:**
- **Unterschrift des Bauherrn:**

Dieses Dokument sollte ca. **2 Wochen** vor Einzug (Nutzungsaufnahme) bei Ihrem Sachbearbeiter des Bauaufsichtsamts vorliegen. Zur Absicherung sollten Sie, wie bei allen wichtigen Dokumenten, die eingescannte Anzeige zur Nutzungsaufnahme, vorab per E-Mail versendet haben. Somit können Sie inkl. Datum des Versendens nachweisen, dass Sie diese Anzeige zur rechten Zeit verschickt haben.

# Endabnahme durchgeführt?

Bei der Endabnahme verhält sich das Prozedere genauso wie bei der Rohbauabnahme, nur dass dieses Mal mehr Gewerke involviert sind, die alle hier noch schnell nachstreichen und dort noch schnell eine Leiste anbringen und noch eben sauber machen müssen. Kurz gesagt, bei der Endabnahme ist i. d. R. die Bude voll.

Auch hier dürfen Sie, falls Sie sich unsicher sind, einen Bausachverständigen dazuholen, denn wie bereits erwähnt, sieht dieser mehr Mängel und kann sich argumentativ besser bei den Baufirmen/Bauleiter durchsetzen als Sie.

## Beispiel aus der Praxis:

Bei einer Endabnahme eines Mehrfamilienhauses stand ich als Bausachverständiger mit neun Bauherren und den Vertretern des Generalunternehmers in der Waschküche mit neun Anschlüssen für die jeweiligen Geräte. In der Mitte des Raumes war der Abfluss, über den sich alle Eigentümer beschwert hatten, da dieser 8 cm zu hoch eingebaut wurde. Das Argument des Vertreters des GUs war, dass dieser Punkt der höchste im Raum sein müsse. Stellen Sie sich diesen Blödsinn mal vor!
Der Generalunternehmer verlangte von den Eigentümern, im Falle das Wasser aus einer der Maschinen auslaufen würde, eben dieses, mit einem Wischmopp bergauf zu schubsen. Er weigerte sich eine Dreiviertelstunde und argumentierte wie verrückt, um die Nachbesserung des Murkses nicht bezahlen zu müssen. Ich hingegen hielt den haltlosen Argumenten stand, schon alleine aus dem Grund, weil der Abfluss auch noch höher war, als die Flurebene, was bedeutet, dass das Wasser den ganzen Flur überschwemmen würde, bevor es in den Abfluss liefe.
Bewaffnen Sie sich wieder mit dem Equipment aus Kapitel *Erstbegehung durchgeführt?*, gehen zusammen mit allen Beteiligten vom Dach bis in den Keller, alle Gewerke und alle Mängel durch, die Sie finden (außer die von den Rohbauarbeiten, denn die haben Sie bereits abgenommen) und tragen diese, wie bei der Rohbauabnahme, in das Protokoll ein.

Zu prüfen gilt es u.a. folgendes:

Elektroarbeiten:

- Wurde jede Steckdose dort eingebaut wo sie sein soll?
- Funktioniert jede Steckdose? (Elektrogerät einstecken!)
- Funktioniert jeder Lichtschalter?
  (Phasen- Spannungsprüfer mitnehmen)
- Anschluss für die Lampen dort, wo sie sein sollen?
- Unterverteilung vorhanden?
- Sicherungen funktionieren bei Kurzschluss?
- Sämtliche technischen Geräte funktional?
  (Bei MFH/Industrieanlagen etc.)

Putz- und Malerarbeiten:

- Sämtliche Flächen eben verputzt?
- Gewünschter Putz aufgetragen? (Gipsputz im Bad wäre falsch)
- Farbe gleichmäßig aufgetragen? (keine Fehlstellen, Streifen, etc.)
- Wandfarben wie bestellt?
- Anschlüsse an Fenster und Türen sauber verputzt und gestrichen?
- Sämtliche Klebebandreste entfernt?
- Sämtliche Putz- und Farbkleckse auf Böden, Fenstern und Türen entfernt?

Fenster und Türen:

- Sämtliche Fenster und Türen schließen korrekt?
- Keine Kratzer am Rahmen oder in der Glasfläche?
- Öffnungsrichtung der Türen, wie im Plan?
- Höhe der Türen korrekt? (Türblätter nicht zu kurz?)
- Material der Fenster und Türen korrekt? (Holzart, Kunststoff)
- Oberfläche wie gewünscht? (Art des Lackes etc.)

Schreinerarbeiten:

- Material der Böden die richtigen?
- Böden eben verlegt?
- Keine Kratzer in Böden vorhanden?
- Abstand zwischen Böden und Wänden vorhanden?
- Oberflächenbehandlung der Böden sauber ausgeführt?
- Gleiches gilt für Decken, Möbel und Wandelemente.

Sanitär- und Technische Anlagen:

- Funktionstest der Lüftung durchgeführt?
- Funktionstest der Heizungsanlage durchgeführt?
- Funktionstest der Klimaanlage durchgeführt?
- Funktionstest sämtlicher anderer Geräte durchgeführt?
- Sämtliche Sanitäranlagen korrekt angebracht?
- Wasser fließt?
- Wasser fließt ab?
- Revisionsklappen an Dusch- und Badewanne vorhanden?

Außenanlagen und Spenglerarbeiten:

- Außenanlagen nach Freiflächenplan errichtet? (Zufahrten, Parkplätze, Spielplätze, Pool, Feuerstelle, Müllhäuschen etc.)
- Art der Bäume und Sträucher wie vereinbart angepflanzt?
- Pflaster/Asphalt wie geplant?
- Entwässerung wie geplant und funktionsfähig?
- Fallrohre angeschlossen?
- Laubfanggitter in Fallrohr vorhanden?
- Verblechungen an Mauern und Brüstungen korrekt? (keine scharfen Kanten etc.)

Lassen Sie sich alle technischen Gerätschaften erklären und das so ausführlich, dass Sie es auch verstehen. Sich bei der Endabnahme unter Zeitdruck von einem Raum in den anderen hetzen zu lassen, ist nicht zielführend, zumindest nicht für Sie!

Denken Sie daran: Alle Mängel, die Sie übersehen, gelten als abgenommen! Es sei denn, es handelt sich um versteckte Mängel, die man nicht erkennen kann, so wie beispielsweise die Betongüte der Keile an Randsteinen. Fallen nach ein paar Jahren sämtliche Randsteine um, weil die Betongüte minderwertig war, ist dies ein versteckter Mangel und ist von der zuständigen Firma zu beheben.

Für das weitere Prozedere sehen Sie nochmals in Kapitel ‚*Rohbauabnahme durchgeführt?*‘, da dies das Gleiche ist.

Hier nur nochmals in Kürze:

- **Abnahmeprotokoll erstellen**
  **(Gewährleistungsfrist beginnt für restliche Gewerke)**
- **Revisionsunterlagen übernehmen**
- **Fotos von Mängel machen**
- **Alle Mängel ins Protokoll eintragen**
- **Schlussrechnung prüfen**
- **Mängel monetär benennen**
- **Einbehalt inkl. Druckfaktor machen**
- **Frist von ca. 2 Wochen zur Nachbesserung geben**
- **Unterschreiben (wenn alles i.O.)**
- **Abnahmeprotokoll per E-Mail an alle Beteiligten versenden**
- **Schlussrechnung abzgl. Einbehalt bezahlen**

Mit der Unterschrift und der Schlüsselübergabe haben Sie Ihr Eigenheim übernommen und können bereits einziehen, was je nach Anzahl und Schwere der Mängel auch möglich ist. Sie können mit dem Einzug aber auch noch bis nach der Nachabnahme warten, wenn Sie keine Handwerker in Ihr fertig eingerichtetes Schlafzimmer lassen möchten.

# Nachabnahme Endabnahme durchgeführt?

Die Endabnahme der Nachabnahme erfolgt, je nach Vereinbarung, ca. 2 Wochen nach der Endabnahme und ist vom Prozedere her, das Gleiche, wie das bei der Nachabnahme des Rohbaus. Deshalb lesen Sie sich an dieser Stelle bitte das Kapitel *,Nachabnahme Rohbau durchgeführt?'* nochmal durch.

# Revisionsunterlagen erhalten?

Die Revisionsunterlagen oder auch Bestandsunterlagen/Bestandspläne genannt, sind für <u>Sie</u> von elementarer Wichtigkeit. Bei den meisten Firmen ist dieser ‚Bürokram' jedoch unbeliebt wie Fußpilz! Dennoch sollten Sie unbedingt drauf bestehen, diese Unterlagen jetzt bzw. die kommenden Tage übergeben zu bekommen.

Die Revisionsunterlagen sind quasi der Beipackzettel Ihres Eigenheims. In diesen Unterlagen steht all das, was Sie tatsächlich vor sich sehen (fertiges Haus), nochmals in der Theorie geschrieben.

Angefangen von den Ausschreibungsunterlagen und den Plänen des Architekten, der diese jetzt nochmal anpassen muss, um die tatsächlichen Abmessungen der Abstände zu den Nachbarn, der Hofeinfahrt oder die der Lage der Schächte etc. einzuzeichnen, die tatsächlich verwendeten Baumaterialien aufzulisten, bis über die Pläne, Garantieunterlagen und Bedienungsanleitungen von:

Fachplanern bzw. Firmen, die dies ohne Fachplaner durchgeführt haben, für:

- **Heizung**
- **Lüftung**
- **Sanitär**
- **Elektro**
- **Klima**
- **Fassaden (Pfosten-Riegel-Konstruktion)**
- **Außenanlagen**
- **Entwässerung**

Diese Pläne heißen auch Bestandspläne, da diese die tatsächlichen Fakten <u>nach der Baufertigstellung</u> beinhalten!

## Beispiel aus der Praxis

Bei einem Einfamilienhaus war der Garten nach nur einem Jahr zu einer Sumpflandschaft verkommen, da ein Abwasserrohr undicht war und über Monate Wasser auslief, welches nicht versickern konnte. Der Baggerfahrer suchte anhand des Planes, der <u>vor der Ausführungsphase</u> erstellt wurde, nach der defekten Leitung. Vergeblich! Nachdem der ganze Garten aufgebaggert war, stellte sich heraus, dass die Leitung nicht <u>durch</u> den Garten verlief, sondern <u>daneben</u>. Hätte der Baggerfahrer einen Bestandsplan gehabt, auf der die tatsächliche Lage der Leitung eingezeichnet gewesen wäre, hätte er die Leitung nach ein paar Minuten finden können und den Bauherren somit einen aufgerissenen Garten und enorme Kosten erspart. Also bestehen Sie auf sämtliche Revisionsunterlagen jedes Gewerkes und legen diese in Ihren Tresor, damit Sie z. B. bei einem späteren Hausverkauf nachweisen können, was für Materialen verbaut wurden, wie die Anlagen funktionieren und wo welche Leitungen verlegt wurden. Dies dient u. a. der Wertsteigerung!

# Schlussrechnung Ausbau bezahlt?

Das Zahlen der Schlussrechnung des Ausbaus ist vom Prozedere her das Gleiche, wie das Zahlen der Schlussrechnung des Rohbaus. Deshalb lesen Sie sich an dieser Stelle bitte das Kapitel *Schlussrechnung Rohbau gezahlt?* nochmal durch.

## Tipp aus der Praxis

Haben Sie sich beispielsweise ein Mehrfamilienhaus mit einer recht großen, aufwendigen und somit teuren Außenanlage errichten lassen, machen Sie hier gerne (nach Vereinbarung) einen Einbehalt von 10.000,-- € für die ‚Anwuchs-Garantie‘ und Gartenpflege, die Sie vorher im Vertrag oder während der Ausführungsphase noch schnell vereinbart haben. Nehmen wir an, Sie haben in Ihrem Abnahmeprotokoll 5 Jahre Gewährleistungsfrist vereinbart, sollte auch nach 5 Jahren noch der Rasen grün, die Kinderschaukel funktionsfähig und die Bäume gepflegt sein.

Machen Sie diesbezüglich keinen Einbehalt, kann es, je nach Ausführungsfirma, schwer werden, dass diese regelmäßig zum Gießen vorbeikommt. Haben Sie jedoch auf einen Einbehalt von 10.000,-- € und einer jährlichen Rückzahlung von 2.000,-- € geeinigt, wird Ihre Außenlage zum Vorzeigeobjekt der Ausführungsfirma werden.

Die Schlussrechnung legen Sie, nachdem Sie diese bezahlt haben, mit Ihren erhaltenen Revisionsunterlagen in den Safe oder an einen sicheren Ort, da dies bei einem späteren Verkauf zur Wertermittlung Ihrer Immobilie beitragen wird.

# Gewährleistungsphase

„Dann möge er jetzt sprechen oder für immer schweigen!"
(Einspruch gegen Eheschließung)

Auch wenn die Gewährleistungsphase keine Eheschließung beinhaltet, ist dieser Spruch dennoch überaus passend, denn, wenn Sie während der Gewährleistungsfrist oder spätestens am Tag der Gewährleistungsabnahme, keinen ‚Einspruch' gegen die vorhandenen Mängel erheben, gelten alle Mängel als <u>stillschweigend abgenommen</u>!

Dies ist übrigens die Phase, die Architekten oft aus ihren Verträgen ausschließen und Baufirmen hoffen, dass die Zeit ohne Anrufe von Bauherren verstreicht, denn hier kann der Architekt kaum Geld verdienen und die Baufirmen, können nur Geld verlieren.

## Tipp aus der Praxis:

Dies Phase wird oft unterschätzt, denn zu allererst sind Sie überglücklich, dass Sie eingezogen sind und haben keine Muße, sich um irgendwelche Schäden zu kümmern. Doch bedenken Sie folgendes Beispiel:
Frau Möller, eine überaus wohlhabende und intelligente Wohnungsbesitzerin, war so sehr mit Ihrem Job und Ihrem Privatleben außerhalb ihrer Wohnung beschäftigt, dass sie schlichtweg keine Lust hatte, sich um offensichtliche Baumängel zu kümmern. Obwohl ich sie mehrfach darauf hingewiesen hatte, dass sie diese Mängel rügen sollte, tat sie es nicht. Und so verursachten die Gegengefälle der Balkone, die permanent unter Wasser standen, massive Bauschäden. Das Regenwasser drang in die Substanz des Gebäudes und verursachte Sulfatausblühungen, die noch harmlos waren. Nach wenigen Jahren waren die Balkone komplett mit Moos bedeckt und es wuchsen, und das ist kein Scherz, sowohl Stalagmiten, als auch Stalaktiten an den Balkonen. Frau Möller handelte leider nie, weshalb Sie die Gewährleistungsphase tatenlos verstreichen ließ und sie die massiven Bauschäden nun nicht mehr geltend machen kann.

Also kümmern Sie sich gut um Ihr Eigenheim bzw. Ihre Kapitalanlage und erheben Sie Einspruch anstatt für immer zu schweigen!

# Mängel gerügt?

In der Gewährleistungsphase die, je nach Vertrag und/oder Abnahme-protokoll in der Regel 4 bzw. 5 Jahre dauert, können Schäden, wie z. B. Risse, Schimmel oder Wasserschäden an Ihrer Immobilie auftreten. Versuchen Sie bitte nicht, diese Mängel selbst zu beseitigen, da es dann später schwerer wird, der Baufirma den Mangel nachzuweisen, sondern schreiben Sie eine ‚Mängelrüge'.

In diesem Brief an die Baufirma, sollte u.a. folgendes stehen:

- Betreff: z.B. Mängelrüge Nr. 1, Riss (2 m) in Außenwand Ostseite
- Datum, wann der Mangel entdeckt wurde
- Datum, wann der Brief versendet wurde
- Kurze Beschreibung des Mangels
- Foto des Mangels
- Aufforderung zur Beseitigung bzw. Nachbesserung des Mangels
- Fristsetzung

Scannen Sie, wie alle wichtigen Dokumente, diesen Brief ein, legen ihn in Ihrem System ab und versenden ihn, per E-Mail und per Post (Ein-schreiben), mit einer Frist von zwei Wochen an die Baufirma.

Ganz wichtig dabei ist, dass Sie den Mangel schriftlich und mit einer Frist von 2 Wochen rügen! Gerne dürfen Sie auch höflich mit der Baufirma telefonieren und das ganze Prozedere mit Charme beschleunigen, aber am Ende gilt das, was niedergeschrieben wurde – und sonst gar nichts.

Ist die Frist von 2 Wochen verstrichen und die Baufirma hat nicht auf die Mängelrüge reagiert, setzen Sie der Baufirma eine Nachfrist von weiteren zwei Wochen und der Ankündigung einer Ersatzvornahme bei Versäum-nis der Beseitigung bzw. Nachbesserung des Mangels.

Sofern Sie kein Bauherr sind, der jedes Jahr mehrere Objekte mit den gleichen Firmen errichtet, hat eine Baufirma nicht unbedingt den großen Ansporn, den unwichtigen Riss Ihrer Außenwand instandzusetzen, es sei denn …

… Sie haben einen Einbehalt gemacht oder eine Gewährleistungsbürgschaft abgeschlossen.

Sollte die Nachfrist verstrichen sein, ohne dass die Baufirma reagiert hat, können Sie nun eine Ersatzvornahme beauftragen, was so viel bedeutet, Sie beauftragen eine andere Firma, um den Mangel zu beseitigen bzw. zu beheben und ziehen das von der Gewährleistungsbürgschaft oder dem Einbehalt ab.

## Tipp aus der Praxis

Bei einem Bauvorhaben, zu welchem ich dazu gerufen wurde, hatte ich den Bauherrn bezüglich einer Ersatzvornahme beraten. Mehrfach versicherte mir der Bauherr, dass er sich an das von mir vorgegebene Prozedere gehalten habe. Der Streit zwischen der Baufirma und dem Bauherrn ging vor Gericht und eigentlich war die Sache eindeutig. Eigentlich …

… nur hatte der Bauherr einen kleinen, aber entscheidenden Fehler gemacht, die Nachfrist per Telefon gesetzt und keinen Brief geschrieben. Vor Gericht versicherte die Baufirma, dass sie gewillt war, den Mangel zu beseitigen und nicht verstehe, warum der Bauherr diesen Mangel auf eigene Faust beheben ließ.

Dieser Fehler kostete den Bauherrn 16.000,-- €!

Also halten Sie sich an das Prozedere, machen Sie alles schriftlich und wenn Sie sich unsicher sind, ziehen Sie einen Fachmann (Bausachverständigen/Baurechtsanwalt) hinzu.

# Gewährleistungsabnahme angekündigt?

Bevor die vereinbarte Gewährleistungsfrist von vier bis fünf Jahren abgelaufen ist, sollten Sie die Gewährleistungsabnahme sowohl bei der Baufirma als auch bei Ihrem Architekten ankündigen. Da es sich hierbei ebenfalls, wie bei den vorangegangenen Abnahmen, um einen sehr wichtigen Termin handelt, ist es ratsam, diesen ca. vier Wochen zuvor anzukündigen und um Bestätigung dieses Termins zu bitten.

## Tipp aus der Praxis

Als ich bei einer Firma auf Bauherrenseite anfing, bekam ich gleich nach ein paar Wochen schon einen Brief von einer der vielen Baufirmen, in dem stand, dass die Gewährleistungsfrist von fünf Jahren nun abgelaufen sei und wir als Bauherren keine Gewährleistungsabnahme gewünscht hatten. Somit sei die Gewährleistungsfrist ‚mängelfrei' verstrichen. Am Ende des Briefes wurden wir aufgefordert, die Gewährleistungsbürgschaft im Wert von 35.000,-- €, binnen sieben Tagen, zurückzugeben.

Die Firma, bei der ich frisch angefangen hatte, war für rund 120 Liegenschaften verantwortlich und besaß kein funktionierendes Controlling, kein System, keine Struktur, um ‚Kleinigkeiten' wie das Datum einer Gewährleistungsabnahme auf dem Schirm zu haben.

Sie aber sollten es besser machen. Deshalb markieren Sie sich diesen wichtigen Termin fett im Kalender an der Wand und im Kalender Ihres Smartphones und sichern Sie dies in Ihrer Cloud, damit es automatisch übernommen wird, sobald Sie ein neues Smartphone benötigen.

# Gewährleistungsabnahme durchgeführt?

Der Tag, an dem die Gewährleistungsabnahme stattfindet, ist nicht so sehr relevant, solange Sie sich nur mit allen Beteiligten auf ein Datum geeinigt und dies schriftlich fixiert haben. Denn es kann ja durchaus sein, dass der Tag der Gewährleistungsabnahme (Endabnahmedatum + 4 bzw. 5 Jahre) ein Sonntag, ein Feiertag ist, oder sich einer der Beteiligten im Krankenstand bzw. im Urlaub befindet.

Sofern Sie die vergangenen 4 bzw. 5 Jahre keinerlei Mängel entdeckt haben und mit Ihrer Immobilie zufrieden sein sollten, benötigen Sie nicht so viel Vorbereitungszeit für den bevorstehenden Termin. Sollten Sie jedoch die vergangenen Jahre mehrere Mängelrügen an Baufirmen geschrieben haben und/oder sind immer noch Risse oder Schimmel vorhanden, sollten Sie sich mit einem Bausachverständigen, rechtzeitig <u>vor</u> der Gewährleistungsabnahme, beraten und alle Punkte durchgehen.

Am Tag der Gewährleistungsabnahme, an dem Sie der Bausachverständige zu Ihrer Unterstützung begleitet, wird die Baufirma mit allen Mitteln und Wegen versuchen, jeden Mangel als ‚optischen Mangel' zu deklarieren oder diese als ‚Kleinigkeiten' herunterzuspielen.

Nun werden Sie, seitens der Baufirma, Sätze hören wie:

- „Sie haben das doch so bei der Endabnahme abgenommen"
- „Jetzt müssen wir aber mal die Kirche im Dorf lassen"
- „Das wir das reparieren sollen, können Sie uns nicht zumuten"
- „Das ist nur ein optischer Riss, der gehört dahin"
- „Das ist normal und kein Mangel"
- „Optische Mängel müssen wir nicht beheben"
- „Das ist nur eine Kleinigkeit. Das lohnt sich gar nicht, dies ins Protokoll zu schreiben"
- „Mein Chef schmeißt mich raus, wenn ich mit so vielen Mängeln ins Büro komme"
- „Das sind sehr hohe Kosten, die auf uns zukommen, wir hatten dieses Bauvorhaben eh schon knapp kalkuliert, da bleibt ja nichts hängen"

Bleiben Sie standhaft und bestehen darauf, dass jeder Punkt, der Sie wirklich stört, im Protokoll aufgenommen wird. Nun legen Sie wieder eine Frist von rund 2 Wochen fest, in der die Baufirma sämtliche Mängel beheben kann und tragen den vereinbarten Termin zur Nachabnahme der Gewährleistungsabnahme ebenfalls ins Protokoll ein.

# Nachabnahme durchgeführt?

Die ist die sechste und letzte Abnahme.

Zum vereinbarten Termin, also ca. 2 Wochen nach der Gewährleistungsabnahme treffen Sie sich nochmals mit der Baufirma, um die Nachabnahme durchzuführen. Sollten Sie bereits im Vorfeld festgestellt haben, dass alle Mängel bereits behoben und Sie zufrieden sind, benötigen Sie nicht zwangsläufig den Bausachverständigen bzw. Ihren Architekten für diesen Termin.

Wie gehabt, gehen Sie nun zusammen mit dem Vertreter der Baufirma jeden Punkt des Protokolls durch und haken jeden beseitigten Mangel ab.

Sofern Sie nun zufrieden sind, war dies der letzte Vororttermin mit der Baufirma. Sollten jedoch einige Mängel noch nicht behoben worden sein, geben Sie der Baufirma eine 2-wöchige Nachfrist zur Beseitigung der Mängel. Sollte die Baufirma darauf nicht reagieren, können Sie nun eine Ersatzvornahme anstreben, sofern der Mangel monetär gesehen, den Aufwand wert ist. (siehe dazu Kapitel *Mängel gerügt?*)

# Einbehalt zurückgezahlt?

Nun, nachdem die Gewährleistungsabnahme inkl. Nachabnahme durchgeführt und alle Mängel restlos beseitigt sind und Sie dies per Unterschrift auf den Protokollen bestätigt haben, müssen Sie Ihrer Zahlungspflicht nachkommen. Das bedeutet, dass Sie nun den vereinbarten Einbehalt und/oder die Gewährleistungsbürgschaft zurückzahlen bzw. zurückgeben müssen.

Nun ist der Vertrag den Sie bei Projektbeginn mit allen Beteiligten geschlossen haben, endgültig von allen erfüllt. Sollten nun dennoch nach Jahren weitere Mängel auftreten, wird es schwer, diese bei einer Baufirma oder einem Architekturbüro geltend zu machen, da sowohl die Abnahmen durchgeführt wurden, als auch die Gewährleistungsfrist verstrichen ist.

# Schlusswort

Nach der spannenden Zeit des Hausbaus, der vielen Aufregung, den vielen E-Mails und den vielen Baustellenbesuchen, dem Stress und wahrscheinlich dem Ärger, den Sie miterlebt haben, vergessen Sie nicht die Zeit zu genießen. Schließlich haben Sie sich nun Ihren Immobilientraum, egal ob zur Eigennutzung oder als Kapitalanlage, erschaffen. Also genießen Sie ihn!

Ich hoffe, ich habe Ihnen durch dieses Buch im Vorfeld schon, eine Menge Ärger und Probleme im Bauablauf sowie gravierende Baumängel ersparen können.

Alles Gute wünsche ich Ihnen.

Ihr Christoph Polder 2018

# Abbildungen

# Sprüche, die Sie hören <u>werden</u>!

- „Das haben wir schon immer so gemacht!"
- „Jetzt ist das Kind schon in den Brunnen gefallen!"
- „Oh oh oh, das wird teuer!"
- „Das kann ich schon machen, kostet aber extra!"
- „Umsonst ist der Tod, und der kostet Sie das Leben!"
- „Das guckt sich weg!"
- „Du träumst nachts wohl auch von der Weißwurscht!"
- „Das müssen wir vertuschen, bevor es uns auf die Füße fällt!"
- „Ich muss ja hier nicht wohnen!"
- „Ohne Mampf kein Kampf!"
- „So genau kann das doch keiner machen!"
- „Übel übel, sprach der Dübel und verschwand in der Wand!"
- „Bin ich hier der Fachmann, oder Sie?"
- „Jetzt müssen Sie aber mal die Kirche im Dorf lassen!"
- „Wer glaubt, dass ein Bauleiter einen Bau leitet, glaubt auch, dass ein Zitronenfalter Zitronen faltet!"
- „Wasser hat einen ganz kleinen Kopf!"
- „Nach fest kommt ab!"
- „Einen Tod müssen wir sterben!"
- „Das kann man schon so machen, aber dann ist es halt kacke!"

# Fachbegriffe

### Abnahmereif
Als Abnahmereif wird die Immobilie bezeichnet, wenn während der Ausführungsphase erkennbar ist, dass in absehbarer Zeit die Abnahme erfolgen kann und die Immobilie nutzbar sein wird.

### Abschlagsrechnung
Eine Abschlagsrechnung ist eine Teilrechnung, die, wie im Zahlungsplan vereinbart, von den Baufirmen gestellt wird.

### Abschlagszahlung
Eine Abschlagszahlung ist die Teilzahlung die Sie, nach Erhalt der Abschlagsrechnung, leisten.

### Baubeschreibung
Die Baubeschreibung ist eine detaillierte Auflistung aller Positionen, die später in der Ausführungsphase so realisiert werden sollen.

### Bauvorlageberechtigung
Eine Bauvorlageberechtigung wird benötigt, um Pläne zur Genehmigung bei Behörden einzureichen. Dazu berechtigt sind in der Regel Architekten und Bauingenieure, die in den jeweiligen Kammern eingetragen sind.

### Bauzeitenplan
Der Bauzeitenplan ist ein Balkenplan, der Ihnen die einzelnen Baufortschritte anzeigt.

### Eingabeplanung
Die Eingabeplanung oder auch Genehmigungsplanung genannt, wird benötigt, um den Bauantrag einzureichen.

### Ersatzvornahme
Als Ersatzvornahme bezeichnet man die Beauftragung der Firma B, um die nicht fertiggestellten Arbeiten der Firma A, zu beenden.

### Einzelvergabe
Von einer Einzelvergabe spricht man, wenn man die Gewerke einzeln beauftragt.

## Gewerk

Im Baubereich werden alle handwerklichen Tätigkeiten als Gewerke (Schreiner, Zimmermann, Spengler etc.) bezeichnet.

## GU-Vergabe

Von einer GU-Vergabe spricht man, wenn Sie einen Generalunternehmer für die gesamte Baumaßnahme beauftragen und dieser dann die einzelnen Arbeiten an die Gewerke vergibt.

## Jour-fixe

Ein Jour-fixe ist ein festgelegter, meist wöchentlicher Baustellentermin vor Ort.

## Nachträge

Nachträge sind zusätzliche Aufträge, die den ursprünglichen Vertrag ändern.

## Position

Eine Position in einem Leistungsverzeichnis ist eine, im Bauwesen, übliche Bezeichnung für eine Aufzählung z.B. ‚*Pos. 2.4. Baustelleneinrichtung*‘.

## RAL-Farben

Die RAL-Farben sind ein weltweit eingesetztes Farbsystem, wobei jede Farbe einer eindeutigen Nummer zugeordnet ist.

## RAL-Montage

Die RAL-Montage ist ein Leitfaden für den Einbau von Fenstern und Türen, nach dem gearbeitet wird, um die optimale Montage sicherzustellen.

## Regiearbeiten

Als Regiearbeiten bezeichnet man die in der Regel kleineren Aufträge, für die es schwer ist, den Umfang der Aufträge abzuschätzen. Somit werden die geleisteten Arbeiten, nach Stunden abgerechnet.

## Revisionsunterlagen

Die Revisionsunterlagen sind quasi der ‚Beipackzettel‘ für Ihr Haus. In dieser Objektdokumentation sind alle wichtigen Unterlagen wie verbaute Materialien und Bedienungsanleitungen für Lüftungsanlagen etc. gesammelt, die für Sie wichtig werden können.

**SiGe-Plan**

Der SiGe-Plan ist ein Sicherheits- und Gesundheitsplan, der erstellt wird, um die Gefährdung aller Beteiligten am Bau zu minimieren.

**Überzahlen**

Wenn Sie eine Teilrechnung bezahlen, obwohl die Leistung noch nicht zu 100% erbracht wurde, haben Sie ‚überzahlt‘.

**Umwidmung**

Eine Umwidmung ist beispielsweise eine Änderung des Status ‚Ackerland in Bauland und erfolgt durch einen Hoheitsakt der Gemeinde‘.

**Unterlage**

Als Unterlage wird eine Dokumentation, die bereits in der Vorbereitungs- und Ausführungsphase vom SiGeKo erstellt wird, genannt und sollte nach Baufertigstellung, den Revisionsunterlagen beigefügt werden.

**Vergabe**

Eine Vergabe ist eine Beauftragung der Firmen für Bauleistungen.

**Weiße Wanne**

Eine weiße Wanne ist eine Stahlbetonkonstruktion eines Kellers, welche keine zusätzliche Abdichtung benötigt.

# Weitere Bücher von Christoph Polder

ISBN 978-3-95493-290-0

14,90 €

## Ist Dein Studium beendet,

## weißt Du gar nichts …

… zumindest nichts über das Berufsleben
und was Dich dort so alles erwartet.
Christoph Polder zeigt mit seiner frech-witzigen
und teils schockierenden Art zu schreiben,
anhand seiner 50 Karrieretipps,
was das Berufsleben für Hürden mit sich bringen kann.
Vom Bewerbungsverfahren über den Umgang mit Geld,
die 1%-Regelung, die erste Steuererklärung
bis hin zu Mobbing, Stress und Burnout,
berichtet er einfach und verständlich
aus seinem enormen Erfahrungsschatz.

**Ein MUSS für alle Studierenden
und junge Arbeitnehmer!**